Viti kulturor "Aristidh P.Kola"

Seria : Gluha e zogut / Gjuha Shqipe

LELEKA

KËNGË LAKONIKE

Jepen në gjuhët :

Arvanite-Shqipe/Greke/Angleze/Gjermane/Frënge

Përktheu dhe përgatiti për botim

PhD. KOSTAQ AT. PAPA, Poet / Politikan.

BEST SELLER

Tirana 2024

Viti kulturor "Aristidh P.Kola"

Seria: Gluha e zogut /Gjuha Shqipe

Titulli: Këngë Lakonike

Në gjuhët: Arvanite/Shqipe/Greke/Angleze/Gjermane/ Frënge.

Autori: Leka N. Arvaniti/Leleka

Botues Best Seller Tiranë

Përgatitja dhe kompjuterizimi nga vet autori.

Redaktimi dhe korektimi letrar Kostaq AT.Papa dhe E.Latifi

https://gjuhaezogut.wordpress.com

Komunikimi me botuesin: enkeleda.latifi@hotmail.com; kostaqpapa660@gmail.com ; 0684460374

Libri u prodhua nga botimet print, shtypshkronja Botimet "Streha", rr. "Sh. Musaraj", 184 Tiranë,

email: shtypi@yahoo.com, mob: 0682026582, Shqipëri/ALBANIA

ISBN: 978-9928-367-56-3

Τε νφάλουρε ντε μπαρμπεν' ιμ, Lonti Westerkamp.

—Unleash the beast!

Με τ' ευχαριστίσουριτ περ ιμ-ατεν' εδέ μεμεν' ίμε, σι δε τιμ-β'λλέζεριτ τε γκιθε.

Εδέ ασστού περ Dr. Kostaq AT. Papa εδέ τούτι άτα τσσε με κανε ντιχμούαρ' νε κετε ουδετίμιν. Γιούβε ε ντίνι κουσς γιένι.

Përmbajtja

1. Parathënie 5

2. Hyrje nga autori (Shqip) 7

3. Author's Preface (Anglisht) 21

4. Alfabeti 36

5. Poezi në 6 gjuhë 38

6. Shtojca A.: Ezra Pound 252

7. Shtojca B.: H. Marsman 258

...KËNGË LAKONIKE ARVANITE !

Viti Kulturor "Aristidh P. Kola" i shpallur nga Emigracioni Shqiptar/Diaspora në kuadër të 80 vjetorit të lindjes të Legjendarit Arvanitas, kishte arritur në zenith, kur në adresat e mia elektronike erdhi një komunikim i ri nga rrethet letrare rinore Arvanite.

I njohur si biografi i të pavdekshmit Aristidh P. Kola, apo si studjues i Arvanitisë, dhe ndërmarjes së fundmi të hapit të rëndësishëm politiko-kulturor—botimit të veprave të autorëve Arvanitë; ishte e pritshme të vinin adresime të tilla.

Autori i ri Leka Arvaniti, ishte në përgatitje e sipër të një libri, thembra e të cilit ishin vargje të hedhura në gjuhën Arvanite... me muzë nga jeta e Arvanitëve.

Orgjina nga Morea, aty ku më 1534 lindi Balada e famshme "O e bukura More", ka dhënë ndikimin e vet, që frymëzim ti bëhen katundet Arvanite, gjuha e tyre e rrezikuar dhe e pambrojtur edhe pse Pasuri e Njerëzimit.

Shfletova duke përpirë prologun e ndërtuar bukur, njoha vizionin dhe misionin me ndërgjegjësimin e plotë të autorit për orgjinën e tij dhe situatën flijuese prej administratës të çdo gjëje Arvanite: histori, etni, personalitete, gjuhë, kulturë, traditë.

Leka Arvaniti ka jetuar e studjuar jo vetëm në shtetin grek, por dhe në Hollandë, Gjermani, Belgjikë, etj. dhe është rritur e shkolluar njëkohësisht me gjuhët greke, hollandeze, gjermane, angleze, franceze. Jeta studentore në disa shtete në Europë shtoi cilësitë e tij humane, liberale, demokratike, e sigurisht dhe ato artistike e letrare, të cilat nxitën ti kushtohesh gjuhës së nënvlerësuar që dëgjonte që nga fëmijëria.

Në Europën e shekullit të XXI, i riu që orgjinën e ka në mbiemrin e tij, shfaqet si një 'stradiot' kalorësiak, një Krokondil Kladha, një Mërkur Bua bashkkohor, si Teodor Bithguri, Marko Bocari!...

Me orgjinë kalorësiake, fisnike arbërore dhe europiane, Leka Arvaniti po troket, përmes artit, kulturës, vargut!... Po lind misionar një A. Kola i ri! Një N. Styllo i ri bashkkohor e elektronik po troket!...

Trokitjet po shtohen!...

Ka shpresë që të mos humbas gjuha e një populli të Papërfaqësuar! Gluha e zogjve! Gjuha Arvanite/Shqipe!

Të mos shuhet populli trim e mitik i vazhdimësisë pellazgo-arbërore! Arvanitët!... Zgjimi po vjen!... Ndryshimi po vjen!...

KOSTAQ AT. PAPA PhD, Poet/Publicist/Deputet
Përfaqësues Politik i Emigracionit Shqiptar/Diasporës

Tiranë, në pritje të 22 Nëntorit 2024, Festës së Parë Zyrtare të Gjuhës Shqipe.

HYRJE NGA AUTORI

1. Vitet e fëmijërisë.

Linda në gusht të 1988, në Berlin të Gjermanisë. Babai im është arkitekt nga Greqia, mamaja ime muzikante Hollandeze. Përveç meje bënë dhe pesë fëmijë të tjerë të gjithë djem! U rrita me katër gjuhë: Greqisht, Hollandisht, Gjermanisht dhe Anglisht. Frëngjishten e mësova më vonë, ose më mirë, e mësoj akoma, ashtu si Arvaniten/*Arvanitika*.

Mamaja ime, që ishte që herët ripagëzuar ortodokse, është dhe e orgjinës aristokrate, dhe që fëmijë mbaj mend që, se isha vazhdim shpirtëror i gjyshit të saj, i piktorit modernist, Laurens van Kuijk (van Kyk), sepse një herë kur isha foshnjë akoma u prezantova me emrin e tij ende pa mësuar mirë-mirë të flas. Rrjedhimisht, dhe u rrita me vlerat kalorësiake të dinastisë van Kyk, ashtu dhe me ndjeshmëritë artistike e vlerat e prindërve të mi. Unë dashuroja më shumë pikturën, por mamaja ime më ofronte dhe mësim muzikor me mësime violine etj.

Më 1999, 11 vjeç u zhvendosëm nga Berlini në Athinë, dhe që në moshë të vogël, që 12 vjeç u morra dhe me ndeshje me shpata, dhe përderisa, ika nga Liceu Artistik i Loshës ku shkoja për katër vite, kushtoja gjithnjë e më shumë kohë në skicime, në pikturë dhe, pak nga pak, dhe në letërsi, dhe kryesisht në poezi.

Vitin e fundit të liceut, ndryshova drejtim nga Lice Teknologjik në Lice drejtim Shoqëror dhe fillova të lexoj libra të vjedhur nga të babait, mes të tjerëve dhe "Perëndeshë e Bardhë" e Robert Graves, që më solli për herë të parë në kontakt me Çështjen Pellazge.

Kisha vendosur: do shkoja në Hollandë për studime, të kthehesha në rrënjët e paraardhësve të mi dhe ti nderoj në një farë mënyre. Dhe kështu bëra.

2. Vitet studentore.

Në Hollandë fillova në 2008 studimet në Akademinë e Arteve të Bukura Willem de Kooning në Rotterdam, por rrugëtimi im aty nuk zgjati më shumë se një vit. Pastaj shkova në Filozofi te Universiteti i Leiden, ku dhe u diplomova. Vitet e mia në Leiden ishin të vështira por interesante, dhe njohuritë që grumbullova aty për natyrën njerëzore ishin shumëfishe dhe të vleshme.

Në ato vite fillova të bëj kërkime intensive në historinë e paraardhësve të mi dhe për mesjetën Hollandeze në përgjithësi. Mësova që rrjedhim nga Familja e Lorrenis, që stërgjyshi ynë, Herman van Malsen, ishte martuar me motrën e vogël të legjendarit Godefridu të Bujonit—pushtues i Jerusalemit—me emrin Ida de Boulogne. Mësova që dinastia jonë kishte një gjakmarrje që zgjati shumë breza me Familjen van Holland, me përfundim të vrasim jo një, as dy, por tre lord të Familjes van Holland të quajtur Floris. Floris i Parë, Floris i Tretë, i njohur si Floris i Zi (Floris de Zwarte) dhe në fund, më të shquarin nga të gjithë Floris i Pestë, ose ndryshe Floris V, Graaf van Holland.

Mësova gjithashtu, se pas vdekjes të Floris i Tretë, para-ardhësit e mi themeluan një abatio në kënetat e Frislandisë, që e quajtën "Abdij Mariënëaard", dmth "Manastiri i ishullit të Marias", ku jipnin dhurata nëpër breza, për tu falur murgjit për shpirtrat e Floridëve të rënë.

Rastisi biles, në universitet, të njoh një vajzë, bijë Baronësh, prindët e të cilës janë fare rastësisht pronarët e sotëm të truallit të ishullit të Marias (Heerlijkheid Mariënwaerdt).

E tepërt të them se përpjekjet e mia të fitoj zemrën e saj përfunduan në katastrofë të plotë, gjë që më bëri të humbas tre vite nga studimet dhe më shkaktoi zhgënjim të madh dhe krizë identiteti për shumë vite.

Me gjithë këto, ishte një periudhë produktive për mua, të paktën përsa i përket poezisë, me që kjo përvojë më kishte çuar në ekstremet e mia krijuese. Biles, një pjesë të rëndësishme të kësaj përzgjedhjeje janë perkthime poezish të ricikluara të asaj kohe, kryesisht nga 2014.

Paralelisht, sigurisht, studjoja Taro, Kabala, magji ceremoniale, tantra etj., dhe biles njoha dhe një dhaskal shpirtëror në universitet me njohuri të zgjeruara mbi këto tema, që më ofronte mbështetje të madhe psikologjike në një periudhë që e kisha shumë të nevojshme.

Më 2016 arrita të përfundoj studimet me një punë diplome mbi temën e frymëzimit në art, dhe, pas akoma disa përpjekjeve të dështuara të gjej punë në Hollandë, përfundova të kthehem prapa në Greqi, ku gjeta punë në qendrat telefonike ndërkombëtare, ku mund të vazhdoja të ushtroja Hollandishten time.

Vitet e para në Greqi ishin shumë nxitëse. Pasi mbarova shërbimin ushtarak, kisha të ardhura dhe kohë t'ja përkushtoj hobeve të mia (paralelisht me këtë vëllim shkruaj dhe një lojë fantazie, ide e imja). Vazhdova stërvitjen dhe pjesmarrjen në lojrat e shpatave me qëllim të bëhem trajner, bëra dhe Odio për një periudhë të vogël, por nuk më tërhoqi mjaftueshëm për lekët që kërkonte Jorgo Fakanai!

Pastaj ra Covid-19 dhe kisha akoma më shumë kohë të lirë. Për një periudhë u morra dhe me projektim dixhital dhe bëja character designs për disa hobist të ndryshëm dhe gamers.

Gjithashtu, ama, ju përkushtova përsëri teorive të komploteve. Më konkretisht, u morra me kronologjinë alternative të Fomenko, Tartarinë, Fenikasit, katastrofizmin dhe të tjera, tema të ngjashme dhe diku këtu është që ngjita "mikrobin" e Arvanitisë !

3. Arvanitika—Gjuha Arvanite.

Kontakti im i parë me idenë e Arvanitëve ishte në fillore ku shkoja në Berlin, gjatë festimeve të 25 marsit, ku duhet të recitoja një poezi që u kushtohej këtij populli heroik, gjë që më çudiste meqë emri i tyre është dhe mbiemri im! Kur pyeta, biles, babanë tim, kush ishin ata "Arvanitë", dhe më tha thjeshtë se nuk kemi ndonjë marrëdhënie me ta, dhe unë nuk pyeta më.

Dikur më vonë gjyshi im na kishte shpjeguar se gjyshi i tij kishte ndëruar emrin, sepse emri i tij, «Κακίσσης» (Kaqishi/Keqshi) nuk i pëlqente. Kështu për shumë kohë, habia ime ishte kënaqur dhe nuk e kërkoja më çështjen.

Shokë Shqiptar kishim në Greqi, dhe biles mamaja ime kishte pagëzuar disa, por deri atëherë asnjë prej tyre nuk kishte menduar të na thot diçka,dhe ndoshta mund të mos dinin. Në vitet e mia në Hollandë ama njoha disa shqiptarë në internet dhe një prej tyre vecanërisht, të cilës emri nuk më kujtohet, më fliste shpesh për emrin tim dhe Arvanitët dhe për një "detyrë" që kam si Arvanitë. Unë nuk i jipja rëndësi të vecantë, dhe pse më çudiste, por ndoshta nuk i dhash tjetër vëmendje,meqë kemi mësuar të njohim Pellazgët si para-Helenë.

Shumë vonë, pasi kaloi dhe karantina dhe fillova të merrem me kronologjinë alternative, Fenikasit dhe Tartarët, njoha një shqiptaro-amerikan, Jetonin, dhe zumë biseda për çështje Ballkanologjike të errëta. Ai më nxiste të merrem me çështjen Arvanite, ashtu dhe unë e frymëzova të merret me Helenizmin.

Në shkurt 2023 morra fjalorin Arvanit të Kostandin Copanit, dhe në muajt në vazhdim sigurova dhe libra të tjer, të Aristidh P.Kolës, Kosta Birit, e të tjera. Më karakteristik ishte libri i Gramatikës Arvanite i Foti Athanasiu (Foto Thanasi) të cilin për ta siguruar, duhet të futesha në faqen elektronike të shkrimtarit të vdekur, ikur nga kjo botë, me Wayback Machine, sepse e kishte mbyllur një zot e di sa vite para, për të komunikuar përmes emailit me vajzën e tij për të ma dërguar. Dhe, me këto mjete të rralla bazë fillova, pra kërkimin tim. Kisha ama realizuar një faqe satirike në facebook me titull "Po, je Arvanit", ku bëj memes me mbishkrime dhe shënime në gjuhën Arvanite/*Arvanitika*, dhe gjithashtu mendoja, me historikun që kam në poezi dhe në përkthim, të filloja në një moment të shkruaj hajku Arvanit.

Nxitja reale, ama erdhi pasi fillova disa biseda me shokun tim, Taso Morea, me të cilin bëmë ca projekte për një podcast mbi letërsinë, Arvanitinë dhe historinë alternative. Në një bisedë të tillë më 6 prill 2024, u përmend për Kullën e Akropolit, një nga të paparashikuarat e historisë greke. Ditën tjetër, dy-tre shokë të mi në internet gjithashtu përmendën të njëjtën kullë, gjë që e mora si shenjë, për të shkruar të parin hajkun Arvanit timin, dhe të tjerat, siç thonë, janë histori...

4. Gjuha e zogjve.
Elementi/termi më i rëndësishëm i kësaj vepre, sipas mendimit tim të zakonshëm është gjuha e zogjve. Kuptimin "gluha e zogut", sigurisht, e lexova në fjalorin e Kostandin Copanit, dhe kur përfundimisht vendosa të filloj blogun tim në *gjuhaezogut.com* sigurisht që e adaptova menjëherë për titullin.

Kur më vonë kontaktova disa kanale komplotistologësh në *youtube* për të prezantuar kërkimet e mia mbi Arvanitinë, njoha një Algjerian nga Franca që merrej dhe ai me "gjuhën e zogjve" (la langue des oiseaux, në Frëngjisht).

Ky kuptim, sipas studimit të Rikard Haixin (La langue des oiseaux, 1994, e papërkthyer) përmend të gjitha traditat mistike të Europës dhe Lindjes së Mesme, dhe përmend një gjuhë të lashtë që flitej para rënies së Kullës së Babelit, që është e njëjta gjuhë që i mësoi Zoti Adamit dhe me të cilën Shpirti i Shenjtë ndricoi dymbëdhjetë apostujtë, etj. Kjo gjuhë flitej nga stër-gjyshërit tanë që Haixhin i quan "les Pelasges Argo-nautes", dhe të frymëzuar nga fushata "argonautike", inicuesit mistike, alkimistët, Naitë, Katarët, rosikru-cianët, Masonët etj., zhvilluan të quajturën "argo", ose "l'art gothique", siç e quan Fulkaneli—dmth kate-dralet gotike.

Gjuha e zogjve përmendet shpesh në Kuran, dhe biles shumë mistikë sufi dhe poetë gjithashtu përmendin atë, ashtu si në "Kongresi i Zogjve" i Attar Farintoud-din. Në Islam, besoj se gjuha e zogjve njësohet me të quajturat "Ajiat", shenjat e Perëndisë, që na zbulojnë praninë e tij.

Me "gjuhën e zogjve", pra përmendim shenjat, ngac-mimet që na jep jeta, gjithmon në korespodim me diçka të re, të cilën e mësojmë, gjithmon realisht me diçka të cilën e kemi mësuar, gjithmon si të njohur për ne, por gjithmon që diçka na suprizon. Rastësi, bashk-kohësi, déjà vu, numerologji, shakara, etj., gjithë këto janë ogur të shkruar në gjuhën e zogjve, dhe poeti, sigurisht shikon të shkruaj këto mesazhe që merr nga eteri.

5. Muza, e thëna, Athina.

Një tjetër term që mësova në fjalorin e Kostandin Copanit është kuptimi "e thëna", që është "fjala e mënçur", dhe që sipas Jorgo Mihës, është rrënja Pellazgjike e emrit të perëndeshës Athina. Athinaja sigurisht, ishte gjithmon perëndesha ime e dashur, të paktën përsa i përket mitologjisë greke, dhe nga kjo nuk hezitova asnjë cast ti bindem ftesës së saj. Duke interpretuar, pra, oguret e mia, adaptova kuptimin "e thëna" si filozofinë qendrore të poezisë time. Me këtë kuptim, pra "e thëna" janë poezi që janë aforizma, përmbledhëse dhe më e rëndësishmja nga të gjitha, lakonike (të shkurtra), të kujtojnë proverba dhe mençuri. Muza ime neverit çdo llafologjie dhe fjalë boshe!

6. Heraldika Pellazge.

Së fundi, do dëshiroja të kthej vëmendjen e lexuesit në stemën që paraqitet në kopertinën e kësaj vepre. Në faqen më poshtë do gjeni stemën e stërgjyshëve të mi, të Lordëve van Kyk për krahasim. Përshkrimi heraldik i tyre është si më poshtë:

Në flori (d'Or), dy dërrasa, të shoqëruara nga nëntë merlettes në rreshtim tre-dy-tre, të gjitha të kuqe (de Gules).

Merlette është një lloj zogu pa sqep dhe këmbë, që fluturon nga dita që lind gjer në ditën që do vdesi. Në heraldikë simbolizon vetkontrollin, autonominë dhe pavarësinë. Dërrasat simbolizojnë nder dhe qetësi. Floriri (Or) simbolizon besim (besa), nënshtrim dhe fisnikëri, ashtu si dhe diellin. Ngjyra e kuqe simbolizon një luftëtar ose martir.

Varianti im, ama, është i ndryshëm, dhe besoj se është zenith i repertorit simbolik që kam përzgjedhur deri tani. Përshkrimi heraldik i tij është si më poshtë:

Në të kaltër (d'Azure), dy dërrasa të shoqëruara nga nëntë merlette, të gjitha të argjenda (d'Argent). Në zemër, në një aspidë të kuqe (de Gules) një lejlek i argjëndë vigjilent (vigilant).

Simbolika dhe këtu sigurisht është e ndryshme, por e ndërthurrur, me simbolizimin e prototipit të stemës të stërgjyshëve të mi. Ngjyra bazë, në këtë rast është e kaltra, Azure, që simbolizon të vërtetën dhe përkushtimin, dhe shpreh besimin në vlerat e larta të të mirit, të bukurit dhe të vërtetës. Dmth ngjyra e duhur për

Helenizmin. Argjendi, Argent, nga ana tjetër, simbolizon brishtësinë, pafajësinë,shpresën dhe Hënën. Simbole të fshehta, dmth, të inicuesve të përndjekur.

Aspida e kuqe në zemër të stemës, sigurisht, simbolizon një popull luftëtar, që ka ruajtur të fshehtat e gjuhës së zogjve ndër shekuj, dhe lejleku, që në heraldikë simbolizon përshpejtimin, përmendet direkt tek Pellazgët (πελαργός) dhe Lelejet (lejlekët). Dhe motoja e re thot: "Gluha kokalj (kocka) nuk ka, dhe kokalj çan"!

7. Qëllimi.

Ky libër ka qëllim të dyfishtë. Nga njëra anë dua jo vetëm të shpëtoj, por dhe të rigjallëroj gjuhën Arvanite. Qëllimi këtu nuk është një studim i thjeshtë folklorik por prodhimi i letërsisë dhe pasurimi i gjuhës dhe bashkë me të një dëshmi se gjuha Arvanite është një gjuhë e gjallë, jetike, e pasur dhe e synimthellë, dhe pa asnjë dyshim ka aftësinë të prodhoj poezi dhe kulturë me bukuri të madhe dhe vlerë. Unë do thosha se mund të ket dhe diçka magjike gjuha, por këtë do ta lë në vlerësimin e lexuesit.

Paralelisht ama, për arsye të veçantisë të kësaj vepre dhe të nevojës që ekziston për një vepër të tillë—është e qartë, meqë nuk ekziston asnjë tjetër këtë moment që të shkruaj poezi ose letërsi Arvanite të re, në botë ose në histori—ma një shqetësim, mendoj, për qëllimet e mia është i kuptueshëm.

Kjo vepër detyrimisht përbënë dhe një eksperiment *mitoplasisë*, ashtu siç bëri Dante dhe Petrarka, Shekspiri, Beikon dhe Gëte. Sigurisht talenti im nuk arrin në nivelet e tyre, por ashtu si ata merrem dhe unë me revizionim, ridimesionim dhe ristrukturim të gjuhës. Ky është dhe pozicionimi im përsa i përket shkrimit të këtyre poezive.

Gjuha e zogjve është një *valë* me të cilën mund të rakordohemi. Është drithërima që përjetojmë kur bëjmë ndonjë të re, kur njohim diçka ose dikë dhe kur shikojmë dëshirat tona të fshehta të realizohen, si me magji—sepse magji është! Në këtë valë synoj të shkruaj poezinë time. Për këtë arsye do shikoni motive dhe kuptime të përsëriten me mënyra të ndryshme; ku një poezi frymëzon tjetrën, dhe sigurisht, zogjtë janë një nga motivet më të rëndësishme në gjithë këtë.

Qëllimi më afatgjatë, pra, në drejtim të pasurimit dhe rigjallërimin e gjuhës, dhe qëllimi më i lart i çdo veprimtarie poetike është krijimi i vlerave të reja, rëndësisë dhe rregullave. E përbashkët, siç thash, *mitoplastik*. Bëhet fjalë, nëse doni, për një vepër të përmasave Niçean: për një rivlerësim të gjithë vlerave.

Synimet e mia, pra, piksëpari karshi Arvanitëve dhe Shqiptarëve, cilado qofshin dallimet e tyre, janë sa më shumë të brishta: dua të mësoj dhe të shpëtoj gjuhën. Dhe sigurisht dua të transmetoj entisiazmin tim dhe të krijoj diçka të re dhe të bukur.

Njëkohësisht, ama, jam dhe ca kërkues, dhe shkruaj këtë libër dhe vetëm sepse mund, dhe botoj thjeshtë dhe vetëm për të parë çdo ngjas.

8. Leximi.

Alfabeti që përdor është mbështetur në alfabetin mesjetar të Arbëreshëve, dhe fjalorin sa më të besueshëm në Arvanite/*Arvanitika* ashtu si i dimë sot. Njëkohësisht, ama, leksiku Arvanit është i mangët dhe shumë fjalë që kam gjetur në fjalorët më "të kërkuar" të Kupitorit dhe të tjerëve, nuk përdoren më nga Arvanitët e sotëm. I detyruar, pra përdor dhe disa huazime nga gjuhët Mesjetare Greqisht, Shqip, Latinisht, Turqisht dhe të tjera gjuhë që mund të na duken të çuditshme. Me pak fjalë, kam përdorur një dozë të fort të të drejtës poetike, ama, shpresoj, pa flijuar origjinalitetin e veprës time.

Këto poezi janë shkruar si ushtrime të thjeshta sintaksore. Në këtë qëllim forma e Haikut është shumë e vleshme. Megjithatë ama, janë shkruar dhe poezi në forma të tjera si tanka, varg i lirë dhe distik të vegjël. Hajku përgjithësisht ndjek një metrik 5-7-5 rrokjesh për strof/një haik, ndërsa tanka shton dhe dy vargje shtatërrokëshe.

Haiku tradicional Japonez nuk ndjek i detyruar rregullat sintaksore, por në rastin tonë përpiqemi sa mundim ta bëjmë. Këto poezi, pra, janë aforizma. Qëllimi është që ti lexojmë me një-dy frymë (gjithmon brenda kufijve të logjikës), dhe të gjitha janë shkruar me këtë synim.

Metrika dhe toni i poezisë janë gjithashtu të rëndësishme. Në Arvanitika, ashtu si në Greqisht, toni jepet në çdo fjalë si "'", sipër rrokjes së tonit, me përjashtim të fjalëve njërrokëshe dhe të fjalëve që kanë një rrokje me zanore të hapur (jo "e").

Shkronja "e" është analoge e Shqipes "ë", që përfaqë-son një zanore të pacaktuar dhe nuk tonizohet kurrë vet, vetëm në ndonjë seri tre rrokjesh e lart, ashtu si në "të tërë". Shumë shpesh, si në Francezen "e", ndodh dhe të "haet" (të mungoj) nga rrokja e menjëhershme e rradhës, sidomos kur ajo fillon me zanore, por dhe përgjithësisht kur na intereson. Kjo karakteristikë është shfrytëzuar shpesh për ekonomi hapësire në metrikë, dhe për lexim më të këndshëm.

Shkronja "ι", përveç "i" së rregullt, është gjithashtu e barabartë me "j" shqipe dhe përdoret shpesh në kombinim me "γκ", "κ", "λ" dhe "ν" për të dhënë një "i-tëzues" tingull. Ndryshe nga greqishtja, këto bash-këtingëllore nuk zbuten vetvetiu kur ndiqen nga një zanore e caktuar, por vetëm me "ι". Në rastin e varian-teve të buta të "κ" dhe "ν", kjo "ι" mund të zëvendëso-het gjithashtu me një "κκ" dhe "νν". Sa herë që ndodh kjo, do të thotë se bashkëtingëllorja është e "i-tëzuar". Për shembull, fjala "κκυκκε" (qyqe në shqip), shqip-tohet "kjykjë".

Një njohuri bazë e alfabeteve Grek dhe Shqipe, sigu-risht, do ishte shumë e vleshme në leximin e këtij tek-sti, por jo e domosdoshme. Në faqet që pasojnë është dhënë alfabeti im për gjuhën Arvanite. Me shumë durim, mendoj, çdo lexues do mund ti zbërthej kodet, siç bëra dhe unë. Kjo është veçanërisht dhe arsyeja që kam përfshirë kaq përkthime.

9. Konkluzione fillestare.

Besoj plotësisht se ky libër deshi të shkruhej dhe se tashmë ka marr jetë. As unë nuk kuptoj akoma gjithë të fshehtat e tij. Shpresa ime është që lexuesi do ta trajtoj/përballoj si një gjueti thesari ose një libër enigmash. Në vitin 2024, në epokën e social media, është, mendoj, shkruar me mënyrën më të duhur për mbajtjen e vëmendjes dhe të më të ashpërve zumers. Është, do thoshte dikush, një produkt i epokës së tij, dhe prandaj nuk ka asnjë arsye pse të mos lexohet nga të gjithë, τε ριvv εδέ τε βιέτρα—të vegjël dhe të mëdhenj!

Leka Arvaniti/LELEKA
Athinë, Shtator-Tetor 2024
Përktheu nga orgjinali, Kostaq AT.Papa
Tiranë, Tetor-Nëntor 2024

1. Childhood

I was born in August 1988, in Berlin, Germany. My father is a Greek architect, my mother is a Dutch musician. Besides me, I have five more siblings – all of them boys!

I grew up with four languages: Greek, Dutch, German and English. French I only learned later, or rather, I'm still learning it, just like Arvanitika.

My mother, who was already a Greek Orthodox convert, is also of aristocratic descent, and from a young age I remember her claiming that I was the reincarnation of her grandfather, the modernist painter, Laurens van Kuijk. This was because, according to her, when I was still a baby, I introduced myself by his name before I could even speak.

Consequently, I grew up embracing the chivalric ideals of the Kuijk dynasty, as well as the artistic sensibilities and values of my parents. I was mostly interested in painting, but my mother also provided me with a musical education, with violin lessons and so on.

In 1999, when I was 11 years old, we moved from Berlin to Athens. From the young age of 12, I also took up fencing, and after leaving the Musical Gymnasium in Liosia, where I had studied for four years, I spent more and more time drawing, painting and, eventually, reading and writing literature, especially poetry.

In my last years of high school, I switched majors from Technology to Theory (which involved ancient Greek and Latin, as well as literature classes) and started reading books stolen from my father, including Robert Graves' "The White Goddess", which first introduced me to the Pelasgians issue.

I had already made up my mind: I was going to go to the Netherlands to study, to return to the roots of my ancestors and to honour them in some way, and so I did.

2. Student years

I started my studies in the Netherlands in 2008 at the Willem de Kooning Academy of Fine Arts in Rotterdam, but my career there did not last more than a year. Then I went to the philosophy department of Leiden University, where I finally graduated. My years in Leiden were difficult but interesting, and the knowledge I gathered about human nature there was abundant and still very much useful.

During those years I began to do extensive research on the history of my ancestors and on the Dutch medieval period in general.

I learned that we were descended from the house of Lorraine, that our ancestor, Herman van Malsen, had married the younger sister of the legendary Godfrey of Bouillon—conqueror of Jerusalem—with the name

Ida de Boulogne. I learned that our dynasty had a feud that lasted multiple generations with the House of Holland, resulting in the killing of not one, not two, but three lords of Holland, all named Floris: Floris I, Floris III (also known as Floris the Black) and finally, most famously of all, Floris V, Count of Holland.

I also learned that, after the death of Floris III, my ancestors founded an abbey in the marshes of Friesland, which they called "Abdij Mariënwaard", i.e., the "Abbey of the Isle of St. Mary", where they made donations throughout the generations for the monks to pray for the souls of the fallen Counts of Holland.

It just so happened that, at university, I also met a girl, daughter of a Baron, whose parents, coincidentally, are the current owners of the *Estate* of the Isle of Mary (Heerlijkheid Mariënwaerdt), which, no longer an abbey, was now their private property. Needless to say, my attempts to win her heart ended in utter disaster, which caused me to miss three years of my studies and resulted in a period of great depression and identity crisis for many years.

Still, it was a fruitful period for me, at least as far as poetry was concerned, since the experience had pushed me to my creative limits. In fact, a significant part of this collection are translations of recycled poems from that time, mostly from 2014.

At the same time, of course, I was studying the Tarot, Kabbalah, ceremonial magick, tantra, etc., and even met a spiritual teacher at university with extensive knowledge on these subjects, who provided me with great moral support at a time when I needed it most.

In 2016 I managed to graduate with a thesis on the topic of inspiration in art, and, after a few more failed attempts to find a job in the Netherlands, I ended up fleeing back to Greece, where I found a job in international call centres, where I could continue to practice my Dutch.

My first few years back in Greece were very encouraging. After I finished my military service, I had a stable income and time to devote to my hobbies (alongside this collection I am writing a roleplaying game of my own). I continued to train and participate in fencing competitions with the intention of becoming a coach; I also took music lessons for a short period, but I decided it wasn't worth the money George Fakanas was asking.

Then, COVID-19 broke out and I had more free time still. For a while I also dabbled in digital art and did character designs for various hobbyists and gamers.

But I also rededicated myself to conspiracy theories. More specifically, I explored the alternate chronology of Fomenko, Tartaria, the Phoenicians, catastrophism, and other, similar topics, and somewhere around that time I finally caught the Arvanite bug, as well.

3. Arvanitika

My first contact with the concept of the Arvanites was in elementary school, in Berlin, during the celebra-

tions of March 25th, the Greek national holiday cele-
brating our liberation from the Ottoman Empire,
where I had to recite a poem that mentioned this he-
roic tribe, which was curious, since their name is also
my surname. So, when I asked my father who these
"Arvanites" were, he simply said that we had no con-
nection with them, and I didn't ask again afterwards.
One day my grandfather had explained to us that his
own grandfather had changed his name because he
didn't like his original name, "Kakissis". So, for a long
time, my curiosity was satisfied and I didn't pursue
the matter any further.
We had plenty of Albanian friends in Greece, too, and
my mother had even baptised some of them, but until
then none of them had thought to tell us anything,
and they probably didn't know. In my years in the
Netherlands, however, I also met a few Albanians on
the internet. One of them in particular, whose name I
don't recall, often told me about my name and the Ar-
vanites and some "duty" I have as an Arvanite. I didn't
pay much attention to her, although I was intrigued
by her obsession with this subject. I later discovered
some random people making the connection between
Arvanites and Pelasgians, which also struck me as cu-
rious, but I guess I didn't pay it much heed, since in
Greece we have learned to acknowledge Pelasgians
purely as a proto-Hellenic population.
Much later, after the quarantine was over and I star-
ted to look into alternative chronology, the Phoeni-

cians and the Tartarians, I met an Albanian American, Jeton, and we got to talking about various apocryphal Balkanological issues. He urged me to look into the issue of the Arvanites, as I inspired him to delve into Hellenism.

In February 2023 I purchased the Arvanite Dictionary by Konstantinos Tsopanis, and in the following months I ordered more books by Aristides Kolias, Kostas Biris, etc. — most remarkably, a book on Arvanite Grammar by Fotios Athanasiou, which, in order acquire, I had to go to the late author's website using the Wayback Machine, having closed God knows how many years ago, to contact his daughter via email to have it sent to me.

Thus, with these basic yet indispensable tools, I started my research. I had already created a satirical Facebook page called «Ναι, είσαι Αρβανίτης» (Yes, you are an Arvanite), where I make memes with captions and comments in Arvanite, and I was already thinking, with my background in poetry and translation, to start writing Arvanite haiku at some point.

The real impetus, however, came after I started some discussions with my friend Tasos Morea, with whom we made some plans for a podcast on literature, Arvanitia and alternative history. In one such conversation, on April 6, 2024, the tower of the Acropolis, one of the unexpected finds in Greek history, was mentioned. The next day, two or three other online friends of mine also made reference to the same tower, which I took as a sign to write my first Arvanite haiku, and the rest, as they say, is history...

4. The Language of the Birds

The most important component of this work, in my humble opinion, is the language of birds. This concept, "gjuha e zogut", of course, I came across in Konstantinos Tsopanis' dictionary, and, when I finally decided to start my blog at gjuhaezogut.com, I naturally adopted it immediately for my domain. Later, when I approached some conspiracy channels on youtube to present my research on Arvanitika, I met an Algerian from France who is also working on the "language of the birds" (la langue des oiseaux in French).

This concept, according to the study by Richard Khaitzine (La langue des oiseaux, untranslated) is mentioned in all the mystical traditions of Europe and the Middle East, and refers to an ancient language spoken before the fall of the tower of Babel, which is the same language that God taught Adam and with which the Holy Spirit enlightened the twelve apostles, etc. This language was spoken by our ancestors, whom Khaitzine calls "les Pélasges Argonautes", and, inspired by the Argonaut expedition, the initiated mystics, alchemists, Templars, Cathars, Rosicrucians, Freemasons, etc. invented the so-called "argot", or "l'art gothique", as Fulcanelli calls it, i.e. the Gothic Cathedrals.

The language of birds is also mentioned extensively in the Qur'an, and indeed many Sufi mystics and poets also refer to it, like Attar Farid-ud-Din, in his "Conference of the Birds," for example. In Islam, I believe, the language of birds refers to the so-called "ayat", the signs of God, which reveal His presence to us.

By "language of the birds," then, we refer to the signs, the stimuli that life gives us, always in response to something new we've learned, always somewhat familiar to us, but always something that surprises us. Coincidence, synchronicities, déjà vu, numerology, puns, etc., all these are omens written in the language of the birds, and the poet's task, of course, is to record the signs he receives from the aether.

5. The Muse, e thëna, Athena

Another term I learned in the dictionary of Konstantinos Tsopanis is the meaning of "e thëna" which essentially stands for "words of wisdom", and which, according to Georgios Mihas, is the Pelasgian root of the name of the goddess Athena. Athena, of course, has always been my favourite goddess, at least as far as Greek mythology is concerned, and therefore I did not hesitate for a moment to obey her call. In interpreting the signs, therefore, I adopted the concept of "ethëna" as the central philosophy of my poetry.

In this sense, therefore, "ethëna" are poems that are aphoristic, concise and, most importantly, laconic, reminiscent of proverbs and sayings. My Muse abhors blathering and pontificating of any kind!

6. Pelasgian Heraldry

Finally, I would like to draw the reader's attention to the coat of arms depicted on the back of the present work. On the following page you will find the coat of arms of my ancestors, the Lords of Kuijk for comparison. Its heraldic blazon is as follows:

In Gold (d'Or): two bars, flanked by nine merlettes in rows of three-two-three, all in red (de Gules).

The merlette is a kind of bird without beak and legs, flying from the day it is born to the day it dies. In heraldry it symbolizes self-sufficiency, autonomy and independence.

The bars symbolize honor and composure. Gold (Or) symbolizes loyalty and faith (Besa), obedience and nobility, as well as the sun. The color red symbolizes a warrior or martyr.

My version, however, is somewhat different, and I believe it is the zenith of the symbolic repertoire I have amassed so far. Its heraldic blazon is as follows:

In Azure, two bars accompanied by nine merlettes, all Argent. At the heart, on a shield de Gules, a stork Argent Vigilant. The symbolism here is quite different, but nonetheless interwoven with that of the original.

The primary color in this case is blue, Azure, which symbolizes truth and loyalty, and expresses faith in the higher ideals of good, beauty and truth. The colour *par excellence* of Hellenism. Silver, Argent, on the other hand, symbolizes purity, innocence, hope and the Moon. Secret symbols, that is, of the persecuted initiates.

The red shield at the heart of the coat of arms, of course, symbolizes a warlike people who have guarded the secrets of the language of birds throughout the ages, and the stork, which in heraldry symbolizes vigilance, refers directly to the Pelasgians (πελαργός) and the Leleges (lejlek), both deriving from the word for "stork," in Greek and Albanian respectively.

As for the new motto, it says: "Gluha kokalj nëkë ka edhe kokalj çan", which means: "The tongue has no bones and [still] breaks bones".

7. Purpose

The purpose of this book is twofold. On the one hand, I want not only to preserve, but to reinvigorate the Arvanite language. The purpose here is not a mere folkloric study but the production of literature and the enrichment of the language, and, along with that, a proof that the Arvanite language is a living, vital, rich and profound language, and, without any doubt, has the capacity to produce poetry and culture of great beauty and value. I would say that there may be something magical about this language, as well, but I will leave that to the reader's judgment.

At the same time, however, because of the uniqueness of this work the obvious need for such a book—since there is no one else at this moment writing new Arvanite poetry or literature in the world or in history at large—a certain anxiety, I think, as to my intentions is understandable.

This work is inevitably an experiment in myth-making, as Dante and Petrarch, Shakespeare, Bacon and Goethe previously have done. Of course, my poetic talent is not up to their level, but like them I am involved in a revision, reform and reconstruction of the language, and this is also my approach to writing these poems.

The language of birds is a frequency which we can tune into. It is the stimulus we experience when we make a new association, when we recognize something or someone and when we see our hidden desires come true, as if by magic—because magic unquestionably is what this is! It is in this frequency that I aim to write my poetry. This is why you will see motifs and concepts revisited in different ways; one poem inspires another, and, of course, the birds are one of the most important motifs in all of this.

The longer-term purpose, then, in terms of the enrichment and revitalization of language, and the highest purpose of any poetic engagement in my estimation, is the creation of new values, meanings and definitions. In short, as I said, the process of myth-making. It is, if you like, a work of Nietzschean proportions: a revaluation of all values.

My intentions, therefore, towards primarily the Arvanites and Albanians, whatever their differences, are as pure as can be: I want to learn and preserve the language. And, of course, I want to transmit my enthusiasm and create something new and beautiful. But, at the same time, I'm also a bit of a rascal, and I'm writing this book just because I can, and I'm publishing it just to see what happens.

8. Reading

The alphabet I use is based on the medieval Arbëresh script, and the vocabulary is as faithful as possible to Arvanitika as we know it today. At the same time, however, the Arvanite vocabulary is very much incomplete, and many words that I have found in the more advanced dictionaries of Koupitoris, Gkinis et al. are no longer in use by today's Arvanites. Therefore, I am forced to use some loanwords from Medieval Greek, Albanian, Latin, Turkish and other languages that may seem strange to some. All in all, I have used a hefty dose of poetic license, without, I hope, sacrificing any of the authenticity of my work.

These poems are written as simple syntactical exercises. To this end the haiku form has proven very useful. However, the poems have also been written in other forms, such as tanka, free verse and short limericks.

Haiku generally follows a meter of 5-7-5 syllables per stanza, while tanka adds two more seven-syllable stanzas. Traditional Japanese haiku do not necessarily follow the rules of syntax, but in our case, we try as much as we can to do so. These poems, then, are aphorisms. The purpose is to read them in a breath or two (within the bounds of reason, of course), and they are almost all written with that intention in mind.

The meter and intonation of the poem are also very important. In Arvanitika, as in Greek, the emphasis is depicted on each word in the form of an accent above the stressed syllable, with the exception of single-syllable words, and words that have only one syllable with an open vowel (not an e).

The letter "e" is the equivalent of the Albanian "ë", which represents an indefinite vowel, and is never stressed on its own, but only in a series of multiple syllables, as in "τε τερε" (τε τέρε), for example. Very often, like the French "e", ours is also often "swallowed" by the immediately following syllable, especially when it begins with a vowel, but also generally when it suits us. This feature has been exploited extensively to save space in the meter, and for more pleasing reading.

The letter "ι", apart from the regular "i", is also equivalent to the Albanian "j" and is often used in combination with "γκ", "κ", "λ" and "ν" to give a "yoticised" sound. Unlike Greek, these consonants do not soften on their own when followed by a particular vowel, but only with the "ι". In the case of the softened variants of "κ" and "ν", this "ι" can also be replaced by a "κκ" and "νν". Whenever this occurs, it means that the consonant is yoticised. For example, the word "κκυκκε" (qyqe in Albanian), "cuckoo", is pronounced "kjykjë".

A basic knowledge of the Greek and Albanian alphabet, of course, would be very useful in reading this text, but not required. On the following pages the Arvanite spelling has been provided. With enough patience, I think, any reader will be able to decipher them, as I have previously done. This is, after all, the reason why I have included so many translations.

9. Early Conclusions

I firmly believe that this book wanted to be written and that it has taken on a life of its own. Even I don't yet understand all its secrets. My hope is that the reader will treat it like a treasure hunt or a puzzle book. In the year 2024, in the age of social media, it is, I think, written in the most appropriate way for the attention span of even the most hardcore zoomer twitterati. It is, one could say, a product of its time, and therefore there is no excuse for it not to be read by everyone, τε ρινν εδέ τε βιέτρα—both young and old.

Alexander N. Arvanitis/LELEKA
Athens, September 2024

Αλφαβητάρι

Αλβανικά	Αρβανίτικα	Προφορά
A, a	Α, α	a
B, b, mb	Μπ, μπ	b, mb
C, c	Τσ, τσ, τς	ts
Ç, ç	Τσσ, τσσ, τσς	tʃ
D, d	Ντ, ντ	d, nd
Dh, dh	Δ, δ	ð
E, e	Ε, ε	e
Ë. ë	e, '	ə
F, f	Φ, φ	f
G, g	Γκ, γκ	g
Gj, gj	Γκι, γκι, Γκλ, γκλ, γγ	ɟ, ll
H, h	Χ, χ	h
I, i	I, ι	i
J, j	I, ι	j
K, k	Κ, κ	k
L, l	Λ, λ	l̦
Ll, ll	Λλ, λλ	ł
M, m	Μ, μ	m
N, n	Ν, ν	n
Nj, nj	Νι, νι, Νν, νν	ɲ
O, o	Ο, ο	o
P, p	Π, π	p
Q, q	Κκ, κκ, Κλ, κλ	c
R, r	Ρ, ρ	ɾ
Rr, rr	Ρρ, ρρ	r
S, s	Σ, σ, ς	s
Sh, sh	Σσ, σσ, σς	ʃ
T, t	Τ, τ	t

Th, th	Θ, θ	θ
U, u	Ου, ου	u
V, v	Β, β	v
X, x	Τζ, τζ	dz
Xh, xh	Τζζ, τζζ	dʒ
Y, y	Υ, υ	y
Z, z	Ζ, ζ	z
Zh, zh	Ζζ, ζζ	ʒ
Ks, ks	Ξ, ξ	ks
Ksh, ksh	Ξσ, ξσ, ξς	kʃ
Ps, ps	Ψ, ψ	ps
Psh, psh	Ψσ, ψς, ψς	pʃ

I.

Πυργ ι Ακρόπολιτ

Ντερ ρρενούεμετ'
ι παντούκουρε γκρίχετ
πύργου ι ντζίτουρ'.

* * *

Kulla e Akropolit

Mes rrënojave
ngrihet e padukur
kulla e zezë.

Πύργος Ακροπόλεως

Μες στα συντρίμμια
άφαντος υψώνεται
ο μαύρος πύργος.

* * *

Tower of Acropolis

Amidst the ruins
invisibly erected
stands the black tower.

Turm der Akropolis

In den Ruinen, ins
unsichtbare errichtet,
steht der schwarze
Turm.

* * *

La tour de l'Acropole

Dans les ruines,
invisiblement s'impose
la grande tour noire.

II.

Έκλιψ ι ντίελλιτ

Νιε μπρεζ ι μουρρετ

ντέχετ νε παφούντεσι :

έρα ε γκαρκούαρ.

* * *

Eklips i diellit

Një rrip i errët

shtrihet në pafundësi:

era i ngarkuar.

Έκλειψη ηλίου

Μια μαύρη ζώνη
απλώνεται απέραντα:
φορτισμένος αέρας.

* * *

Solar Eclipse

A dark belt stretches
well into infinity:
a charged atmosphere.

Sonnenfinsternis

Der schwarze Gürtel
streckt bis ins
Unendliche:
geladene Luft.

* * *

Éclipse solaire

Une ceinture sombre
s'étend jusqu'à l'infini :
le vent est chargé.

III.
Μπλέτα ε μπάρτουρε

Γκα παραθούρα

νιε μουσαφίρ με ζεμ'ρίμ

χύρι ντε σστεπι !

* * *

Bleta e humbur

Nga dritarja

një mysafir me zemërim

hyri në shtëpi!

Η Χαμένη μέλισσα

Εκ παραθύρου

μουσαφίρης ξέφρενος

μπήκε στο σπίτι!

* * *

The Lost Bumblebee

Through open
windows, an unruly
visitor has entered the
house!

Die Verlorene Hummel

Durch off'nen Fenstern

flog ein unruhiger Gast

im Hause hinein!

* * *

Le bourdon perdu

Par les fenêtres

un visiteur en colère

entra la maison !

IV.

Β'λλάιτ τε ντάσσουρε

Ιμ-β'λλα κα έρδουρ
περ τε κεσς κουβέντ εδέ
με μούαρ βεσσ'τε.

* * *

Dashuria vëllazerore

Vëllai im erdhi
për të bërë muhabet dhe
më hoqi veshët.

Φιλαδέλφια

Ήρθε ο βλάμης να
πούμε μια κουβέντα –
μου πήρε τ' αυτιά.

* * *

Fraternal Love

My brother came by, to

have a little chit-chat

and talked my ears off.

Brüderliche Liebe

Mein Bruder kam, mir
die Ohren
vollzuquatschen, und
er hat's geschafft.

* * *

Amour fraternel

Mon frère est venu
pour un peu passer du
temps
soûlant de paroles.

V.

Φρίκα γκα Ζότι

Ντ' όμπορριν με ντιελλ

ντζενεσιτ τε σσκολλεσε

φάλεν σντο μενάτ'.

* * *

Frika nga Zoti

Në oborrin me diell

nxënësit të shkollës

falen çdo mëngjes.

Φόβος Θεού

Στη λιαστή αυλή
μαθητές προσεύχονται
κάθε πρωινό.

* * *

Fear of God

The sunlit courtyard:
the school kids every
morning say their
morning prayers.

Gottesfurcht

Im sonn'gen Garten
beten die kleinen
Schüler jeden Morgen
früh.

* * *

Crainte de Dieu

Tôt chaque matin
les petits étudiants
prient dans le jardin
ensoleillé.

VI.

Σσπιρτ ι ερεσε

Νιε βαλ' ι ερ'σε

χαπ εδέ μπυλλ ντερεve

δε με τσσαν τζάμιτ !

* * *

Shpirt i erës

Një shpërthim erë

që hap edhe mbyll derën,

m'i thyen xhamat!

Αερικό

Ένας αέρας

ανοιγοκλείνει πόρτες

και σπάει τα τζάμια!

* * *

Spirit of the Air

A strong draft of air
opens and closes the
door and breaks my
windows!

Windgeist

Ein starker Luftzug
öffnet und schließt die
Türen und zerbricht
meine Fenster!

* * *

L'ésprit du vent

Un fort courant d'air
ouvre et ferme les
portes et casse mes
vitres !

VII.

Ντίτα ε παστρίμιτ
(ντζενες μάγκισταρ)

Μάτσσετε φσσίχεν

πλουχούρι σσκον τε ρετε

φσσέσα φλουτουρόν.

* * *

Dita e pastrimit
(nxënës magjistar)

Macet po fshihen

pluhuri shkon te retë

fshesa fluturon.

Ημέρα καθαριότητας
(μαθητευόμενος μάγος)

Κρύβονται οι γάτες

η σκόνη πάει σύννεφο

κι η σκούπα πετά.

* * *

Cleaning Day
(Sorcerer's Apprentice)

The cats are hiding;
dust rises into the
clouds; the broom is
flying.

Putztag
(Zauberlehrling)

Die Katzen fliehen;
Staub steigt zu den
Wolken auf und der
Besen fliegt.

* * *

Journée ménage
(apprenti sorcier)

Les chats se cachent ;
la poussière monte
dans les cieux
et le balai vole

VIII.

Βάσσα ε σκουτάριτ

Ζιάρμι τσσε ντίγγετ

νε συτε τεντ' τε ρρίμτιτ

γκιούαν' ερρ'σίρ'νε.

* * *

Vasha e mburojës

Flaka që digjet

në sytë e tu të kaltër

largon errësirën.

Ασπιδοκόρη

Η φλόγα που καίει
στα γαλανά σου μάτια
διώχνει το σκότος.

* * *

Shield Maiden

The fire that burns
in your unwavering
gaze
dispels any doubt.

Schildmaid

Die Flamme die brennt
in deinen hellen Augen
zerstreut alle Angst.

* * *

Vierge au bouclier

La flamme qui brûle
dans tes yeux
vigoureuses
dissipe le doute.

IX.

Τε παρε κκαρρε

Νε μες τ' εντ'ρρεσ' ε
πραγματικόιτ, μπεϊτάρι
ι πρετ ογκούριν.

* * *

Pamje e qartë

Mes ëndrrës edhe
realitetit, poet
i prit ogurin.

Διορατικότητα

Μεταξύ ξύπνιου

κι ονείρου, ο ποιητής

ζητά οιωνούς.

* * *

ESP

Between dreaming and

reality, the poet's

waiting for a sign.

Hellsichtigkeit

Zwischen Träumen
und Wachen, wartet
der Dichter auf ein
Vorzeichen.

* * *

Clairvoyance

Entre rêve et réel, le

poète attend la signe,

ou mieux, le présage.

X.

Ελεγκία ε μενγκιέσιτ

Μπι ταρράτσατε,

ντε χέσστιεν' ε αγκίμιτ,

θερρετ νιε σορρε.

* * *

Elegjia e mëngjesit

Mbi tarracat,

në heshtien e agimit,

thërret një sorrë.

Πρωινή ελεγεία

Σιγή χαραυγής:
ένα κοράκι κράζει
απ' τις οροφές.

* * *

Morning Elegy

Over the rooftops, in
the quiet of the dawn,
a crow is cawing.

Morgenelegie

Über den Dächern,
in der
Morgendämmerung
krächzt eine Krähe.

* * *

Élégie du matin

Au-dessus des toits,
dans le silence de
l'aube, croasse un
corbeau.

XI.

Μπάιρον

Χίγιε ε ντεφτίμ'βετ

τε τιγ τε περντρέδουρα

εδέ ντιεκ βέντιν.

* * *

Bajron

Hija e fantazive

të tij të përdredhura

ende ndjek vendin.

Μπάιρον

Διαστρεβλωμένες
φαντασιώσεις μας
στοιχειώνουν ακόμα.

* * *

Byron

The shadow of his
depraved imagination
is haunting the land.

Byron

Der Schatten seiner
verdorbenen Fantasie
geistert noch herum.

* * *

Byron

Les ombres sombres
de ses fantasmes
tordus
nous hantent encore.

XII.

Σπαραγμός Ζαγρέως Σακατζή

Γκλούχα αρμπερίσστε

ισστε ζερι ι ντεργκιέγκιεσ'

τε μποτ'σε γκρέκε.

* * *

Agonia e Zagreu shakaxhiut

Gjuha arbërishtë

është zëri i ndërgjegjes

të botës greke.

Σπαραγμός Ζαγρέως
Σακατζή

Τα Αρβανίτικα:

η φωνή συνείδησης

του Ελληνισμού.

* * *

Agony of the Jester
Zagreus

The voice of
conscience of the
Hellenic world, is
Arvanitica.

Qual des Narren
Zagreus

Arberische Sprache:
die Stimme des
Griechischen
Unterbewußtseins.

* * *

Le chagrin du fou
Zagreus

La langue arbérienne :
la voix du subconscient
grec,
et son ombre aussi.

XIII.

Κοκαΐνε ε πρανβέρεσε

Ζογγ' κελαηδίσεν
εδέ εντεζα περχάπ
αλεργκί γκιθκούντ.

* * *

Kokainë pranvere

Zogjtë cicërinë
dhe poleni përhap
alergji kudo.

Ανοιξιάτικη κοκαΐνη

Πουλιά κελαηδούν

κι η γύρη παντού

σκορπά τις αλλεργίες.

* * *

Spring Cocaine

Birds are chirruping

and pollen everywhere

is spreading allergies.

Frühlingschokolade

Die Vögel zwitschern
und die Pollen
verbreiten
die Allergien.

* * *

Cocaïne de printemps

Les oiseaux gazouillent

et des allergies partout

le pollen propage.

XIV.

Ε μερκουρ' ε ζεζε

Γκόντετ βετετίμ :
σσίου ι φτοχ'τε λάχετ
ζαγκούσσιν ε βερ'σ'.

* * *

E mërkurë e zezë

Godet vetetim
shiu lahet i ftohtë
zagushin e verës.

Μαύρη Τετάρτη

Χτυπά κεραυνός:
κρύα βροχή ξεπλένει
τη θερινή κλεισούρα.

* * *

Black Wednesday

As the thunder is
strikes: the cold rain
washes away the
summer swelter.

Schwarzer Mittwoch

Der Donner schlägt zu:
Der kalte Regen
wäscht die
Sommerhitze weg.

* * *

Mercredi noir

Le tonnerre frappe :
la pluie froide emporte
la chaleur estivale.

XV.

Σαμποτάζζ

(T e m p u s   F u g i t)

Καμικάζι γκρεκ

ντε βεντ τε « τέννο » θονε

« τρένο μπανζάι. »

***

Sabotazh

Kamikazi grek

në vend të "tenno" thonë

"treno banzai."

Σαμποτάζ

Αντί για «τέννο»,

ο Έλλην καμικάζι

λέει «τραίνο μπανζάι».

* * *

Sabotage

Die Kamikazen
Griechenlands sagen
„Treno," statt „Tenno
banzai".

* * *

Sabotage

Greek kamikaze say

"treno banzai" instead

of "tenno banzai."

Sabotage

Kamikazes grecs disent

« treno banzai » au lieu

de « tenno banzai ».

XVI.
Καρδιολόγκ κουσάρ

Γιατρόν' ι μαρρε
τσσε με σισ'νε περκεδελ
παπαγάλ' βεζζγκον.

* * *

Kardiolog kusar

Mjekun i çmendur
që gjoksin më përkëdhel
papagall vëzhgon.

Πειρατής καρδιολόγος

Του τρελλού γιατρού
τα χάδια επιβλέπει
ο παπαγάλος.

* * *

Pirate Cardiologist

The parrot observes as
the demented doctor is
fondling my chest.

Piratenkardiolog

Der Papagei schaut zu
wie der verrückte Arzt
meine Brust massiert.

* * *

Cardiologue Pirate

Le médecin fou me
masses les seins, sous
la garde du perroquet.

XVII.

Λούλεζα ε αρτε

Χοϊ σσι χοϊ μπορε,
τρανταφίλι ιμ λουλεζόν
τε τερε βίτιν.

* * *

Lulëza e artë

Shi apo borë
trëndafili im lulëzon
të tërë vitin.

Χρύσανθος

Βρέξει χιονίσει η
τριανταφλιά μ' ανθίζει
όλο το χρόνο.

* * *

Golden Flower

Be it rain or snow, my
rose is always
blooming, all
throughout the year.

Goldblüte

Meine Rose blüht
das ganze Jahr über, ob
Regen oder Schnee.

* * *

Fleur d'or

Qu'il pleuve ou qu'il
neige, ma rose fleurit
toujours, tout
au long de l'année.

XVIII.

Φσσίκεζ' ε κκίελλιτ
(πλουχούρι ι Σαχάρεσε)

Συτ' σσικόνιε λαρτ

ποσστε κκίελιτ τε βερδε :

ψσουρρ ατμοσφαιρίκ.

* * *

Fshikëz qiellore (pluhuri i Saharës)

Sytë shikonjë lart

poshtë qiellit të verdhë:

pshurr atmosferik.

*Ουράνια κύστη (σκόνη
της Σαχάρας)*

Μάτια κοιτάζουν τον

κατουρένιο ουρανό:

ατμόσφαιρα ντιπ.

* * *

*Celestial Bladder
(Sahara Dust)*

Eyes peering upwards
underneath the
amber skies:
piss on our parade.

*Himmelblase
(Saharastaub)*

Augen nach oben,
unter den gelben
Himmel:
Piss-Ambiente.

* * *

*Vessie céleste
(poussière saharienne)*

Les yeux levés vers
le haut sous le ciel
ambré :
ambiance de pisse.

XIX.

Ουρμπανίτ ⌈Dru – ID⌋

Σι λίσι ι φόρτε,

ασστού τσιμέντο, νέον,

δε ταξιτζίουτ, –

αδέσποτα δε κούρβατ· –

τούτι κανε τε φσσέχ'τα.

* * *

U r b a n i t ⌈*D r u – I D*⌋

Si lisi i fortë,

pra çimento, neoni

edhe taksistit,—

endacaket dhe kurvat;—

të gjithë kanë të fshehta.

Ο υ ρ μ π α ν ί τ

Όπως οι δρύες,
τσιμέντο, φώτα νέον
και ταξιτζίδες,
αδέσποτα και πόρνες·
όλα κρύβουν μυστικά.

* * *

U r b a n i t e

Like the mighty oak
so, too, cement, neon
lights, and taxi drivers,
tramps and whores
and miscreants;
everyone's got their
secrets.

U r b a n i t

So wie die Eiche,
Zement und
Taxifahrer, die
Neonlichter, Streuner,
Huren und Penner;—
alle haben
Geheimnisse.

* * *

U r b a n i t e

Comme des arbres à
bois, donc le ciment, le
néon et des chauffeurs
taxi, — des vagabonds
et des putes ; tout le
monde a des secrets.

XX.

Τ ζ ζ α τ ζ ζ Ν τ ρ ε δ

Νε κίσσιμ κλισσε·
παπίστε νουκ' ι ντόνιμ
ας εδέ τούρκκιτ.

* * *

X h a x h   D r e d h

Ne kishim kishë;
papistët nuk i donim
as edhe turqit.

T ζ α τ ζ
N τ ρ ε δ

Είχαμε εκλησσιά·

παπιστές δεν θέλαμε

και ούτε και Τούρκους.

***

J u d g e
D r e d h

We had our own
church; we had no
need for papists nor
for upstart Turks.

J u d g e
D r e d h

Wir brauchten weder

Papisten noch Türken:

Kirche schon gehabt.

***

J u d g e
D r e d h

Nous avions l'église ;
nous n'avions pas
besoin de papistes ni
de Turcs.

XXI.

Άτε Γιάνο

Ρωμανία δε

Σιών ίσσιν γκιθμόν' ε

νιεϊτα Περεντία·

τούκε λεφτούαρ βέτεν,

παστάι τούκε ου μπάσσκουαρ.

* * *

Prester Gjon

Sionit dhe Roma

kanë qenë gjithmonë

e njëjta Perandori;

duke luftuar veten,

pastaj duke u bashkuar.

Janus Pater

Πρεσβύτερος Ιωάννης

Σιών και Ρώμη
πάντα ήταν η ίδια
αυτοκρατορία·
πολεμούν μεταξύ τους
και ξανά ενώνονται.

Schon immer waren
Zion und Rom dasselbe
heilige Scheißreich;
immer kämpfend
gegeneinander,
und sich dann
vereinigend.

* * *

* * *

Prester John

Prêtre Jean

Zion and Rome are the
same old, rat-infested
holy empire; always
fighting themselves,
and, like clockwork,
reuniting.

Sion et Rome ont
toujours été le même
vieux, saint empire de
la merde ; toujours en
train de se battre,
avant de se réunir.

XXII.

Μετέωρα

Τούκε ου γκρίτουρ',

βρέχιε τε βιετερ' αρρίνν

σσεντ'ρίμιν κκιέλλιτ.

* * *

Meteora

Duke u ngritur,

shkëmbinjtë e lashtë arrijnë

hijeroren e qiellit.

Μετέωρα

Αρχαίοι βράχοι
ακουμπούν τον
ουράνιο τόπο αδύτου.

* * *

Meteora

Soaring high above,
ancient rocks that
touch the sky, peaceful
sanctuary

.

Meteora

Zum Himmel reichen
die Uralten Felsen den
stillen Heiligtum.

* * *

Meteora

S'élevant très haut, des
roches anciennes qui
touchent le sanctuaire
du ciel.

XXIII.

Μπούκε φάλας
(μπούκα ε μπειτάριτ)

Ντάνιε, μπεϊτάρι,

θερρίμε τε κουλτούρ'σε

με τ' ουρίτουριτ !

* * *

Buke falas

Shpërndaje, poet,

thërrime të kulturës

me të uriturit!

Βουκεφάλας

Φέρε, ποιητή,
ψίχουλα πολιτισμού
στους πεινασμένους!

* * *

Free Bread

Share thee, o poet,
crumbs of civilisation
among the famished!

Kostenloses Brot

Teile, oh Dichter,
Krümel des
Kulturgebäcks
mit den Hungrigen!

* * *

Pain gratuit

Partage, ô poète,
miettes de culture
parmi des jeunes
affamés.

XXIV.

Τ ζ ά σ τ ι ν Κ έ ι ς

Πάσι νουκ' ε ντι

τσσε τε κα 'ντα σιγκουρίσστ'

τούτι με πελκκεν.

* * *

X h a s t i n   K e j s

Pasi nuk e di

çfarë të pëlqen, për çdo rast

më pëlqen gjithçka.

T ζ ά σ τ ι ν
K έ ι ς

Αφού δεν ξέρω

τι σ' αρέσει, εμένα

μ' αρέσουν όλα.

* * *

J u s t i n
C a s e

I don't really know
what you like, so, just
in case, I like
everything.

J u s t i n
C a s e

Da ich nicht genau

weiß was dir gefällt,

gefällt mir einfach
alles.

* * *

J u s t e a u

C a z o ù

J'aimerais tout, juste

au cas où je ne sais pas

trop ce que tu aimes.

XXV.
Μπουρτζί (La Bastille Grecque)

Τούβλλα εδέ λλατσς,

πύργουτ, βραγκόνετ' εδέ

μούρετ' ε ντέτι·

τε γκίθα κετο, περ τε

μπάινε τε βερρμπ'ρε νιε πλακ.

* * *

Burxi

Tulla edhe llaç,

kullat, argjinaturat,

muret dhe deti;

të gjitha këto, për të

mbajtur të verbër një plak.

Μπουρτζί

Τούβλα και σοβάς,
πύργοι κι αναχώματα
ως τη θάλασσα·
όλ' αυτά για να
κρατούν έναν γέρο
στα τυφλά.

* * *

Burtzi

All brick and mortar,
the towers and
embankments,
walls and sea beyond;
all that serving just to
keep an old man lost in
the dark.

Burdschi

Ziegel und Mörtel,
Türme, Böschungen, so
wie Mauern und das
Meer; all dies diente
nur dazu, den Alten
blind zu halten.

* * *

Bourgi

Les briques et mortier,
les tours, remblais, des
choses comme les
murs et la mer ; tout
cela n'a servi qu'à pour
garder le vieillard
aveugle.

XXVI.

Κενγκε Λακονίκε
(έθενα ε κρεσσμεσε)

Αγιό με θα, σε

πούνα σσουμ' ε βεσστιρε

περ αγγερίμιν,

για ρρουάιτια ε μέντιεσ'

γκα μεντίμετ' τε λίγκα.

* * *

Kënge lakonike (e thëna e kreshmës)

Ajo më tha se

puna më e vështirë

për agjërimin

është ruajtja e mendjes

nga mendimet e liga.

Λακονικό τραγούδι

Μου είπε ότι
το πιο δύσκολο
πράγμα
όταν νηστεύεις
είναι η διαφύλαξη
κατά κακών σκέψεων.

* * *

Laconic Song

She once told me that
the hardest thing when
fasting —and most
important— is
guarding oneself
against one's own
malevolent thoughts.

Lakonisches Lied

Sie sagte mir einst
daß das schwerste
beim Fasten,—und
das wichtigste—
die Bewahrung des
Geistes von bösen
Gedanken sei.

* * *

Chanson laconique

Une fois, elle m'a dit ça
: que la partie la plus
difficile du jeûne c'est
de garder son esprit
libre des mauvaises
pensées.

XXVII.
Κενγκε ε ορνιθολόγκουτ

Κουρ τε θονε σε :
« μα θα νιε ζογκ ι βογκελ, »
σσιχ νε συτ' εδέ
πύετ άτα μος φλάσιν
εδέ γκλούχεν' ε ζόγκουτ.

* * *

Këngë e ornitologut

Kur të thonë se:
"ma tha një zog i vogël"
shiko në sy dhe
pyesni ata nëse
flasin gjuhen e zogut.

Ορνιθολογικό Τραγούδι

Αν σου πει κανείς:
«μου τό 'πε ένα
πουλάκι» κοίταξέ τους
και ρώτα τους μήπως
μιλούν και τη γλώσσα
του πουλιού.

* * *

Ornithologist Song

When someone tells
you: "a little birdie told
me," look them in the
eye and ask them if
they happen to speak
the language of birds.

Ornithologenlied

Wenn jemand dir sagt:
„ein Vogel hat's mir
erzählt" schau ihm ins
Auge und frag' ob er
zufällig die Sprache
der Vögel spricht.

* * *

Chanson d'ornithologue

Si quelqu'un prétend :
« Un petit oiseau me l'a
dit, » regarde-le dans
les yeux et demande si
lui aussi parle la
langue des oiseaux.

XXVIII.

Β ρ ι λ λ
(τε γκαρκούαρ ελεκτρίκε)

Νιε φορτσ' ε μότσσιμ'
με χελκ παφουντεσίσστ' νε
τε πανιόχουριτ.

***

V r u l l (ngarkesë elektrike)

Një forcë fillestare
më tërheq pafundesisht
në të panjohurën.

Ο ρ μ ή

Μια αρχέγονη
δύναμη όλο μ' ελκύει
προς το άγνωστο.

* * *

E l a n

A primordial force
endlessly pulls me
along into the
unknown.

V r i l

Eine Urkraft zieht
mich unaufhörlich an,
bis ins Unbekannte.

* * *

É l a n

Une force ancienne
m'entraîne sans fin
vers tout l'inconnu.

XXIX.

Κρυκκτάρ ι Αθήνεσε

Πάρα σε τε ζμπρεσ',

μπουρρε ντε μετρό με παμ

ι βραρε, βεσστον

πασκκυρίμιν ε τιγ δε

σταβροκοπιέτ πα πούσσιμ.

* * *

Kryqtar i Athinës

Para se të zbresë,

burrë në metro shikon

me vështrim vrastar

pasqyrimin e tij, dhe

kryqëzohet pa pushim.

Σταυροφόρος Αθηνών

Ενώ κοιτάζει
την αντανάκλασή του
σταυροκοπιέται
ένας τύπος στο μετρό
με φονικές προθέσεις.

* * *

Crusader of Athens

Before getting off,
a man on the metro
looks with murderous
intent at his own
reflection and starts
crossing himself non-
stop.

Kreuzfahrer von Athen

Ein Mann betrachtet
sein Spiegelbild
während er sich
unaufhörlich in der
U-Bahn bekreuzigt,
Augen voller
Mordabsicht.

* * *

Croisé d'Athènes

Avant de descendre,
l'homme dans le metro
regarde à sa reflexion
avec intention
meurtrière et se signe
sans arrêt.

XXX.

Μεντίμετε ντε τουαλέτε

Καφέγια δε τσιγάρε :
μενγκιέσι ι τρίμαβε δε
μπεϊτάρεβε λυρίκε.

* * *

Mendimet në tualet

Kafeja dhe cigare:
mëngjesi i heronjve dhe
poetëve lirikë

Σκέψεις τουαλέτας

Καφές και τσιγάρο:

το πρωινό ηρώων

και των ποιητών.

* * *

Toilet Thoughts

Coffee and cigarettes:
the breakfast of
champions and lyrical
poets.

Toilettengedanken

Kaffee und Zigaretten:
der Frühstück der
Helden und lyrischen
Dichter.

* * *

Pensées sur les toilettes

Café et cigarettes : le
petit-déjeuner des
héros et des poètes
lyriques.

XXXI.
Νύμφατ' ε Ρινγκιάλεσε

Βάιζα τε κλίσσεσ'

τε βέσσουρα με τ' κούκκε

σίκουρ νε παϊτίμ.

* * *

Nymfat e Ringjalljes

Vajzat e kishës

të veshura me të kuqe

sikur në pajtim.

Νύμφες της Ανάστασης

Γεροντοκόρες

ντυμένες στα κόκκινα

σα συμφωνημένες.

* * *

Nymphs of Resurrection

The girls in church

are all dressed in red,

as if premeditated.

*Nymphen der
Auferstehung*

Die Kirchenmädchen

sind alle rot gekleidet

alsob mit Absicht.

* * *

*Nymphes de la
Résurrection*

Les filles de l'église
sont toutes vêtues de
rouge, comme
préméditées.

XXXII.

Ρικοσπέρμε

Νιε μαρουδίε

με μπαρε με κουλτίμετ᾽

τσσε μαγιέψ σσκκίσατ᾽.

* * *

Rikospermë

Një aromë e ëmbël

shtatzënë me kujtimet

që magjeps shqisat.

Ρυγχόσπερμο

Μια ευωδία
ποτίζει τις αισθήσεις
με νοσταλγία.

* * *

Rhychosperm

The sweetest fragrance
infused with nostalgia,
that beguiles the
senses.

Rhychosperme

Die süßeste Duft
durchdrungen von
Nostalgie betört die
Sinne.

* * *

Rhychosperme

Le plus doux parfum

imprégné de nostalgie,

qui séduit les sens.

XXXIII.

Μπουλμετόρε φιλολογίκε
(και του πουλιού το γάλα)

Μουζα κα πρίτουρ

σι νιε ματσσ' ε λεσσούαρ

κλούμ'σστιν μπεϊτάριτ.

* * *

Bulmetore filologjike

Muza ka pritur

si një mace e braktisur

qumështin poetit.

Φιλολογική
γαλακτοκομική

Η Μούσα ζητά

σαν γατί πεινασμένο

γάλα ποιητού.

* * *

Philological Dairy

A Muse has waited like

an abandoned kitten

for the poet's milk.

Philologische
Milchwirtschaft

Die Muse erwartet wie

ein hungriges Kätzchen

den Milch des Dichters.

* * *

Laiterie philologique

La Muse attendait
comme un chat
abandoné le lait du
poète.

XXXIV.

Βιέδια ε νούσεσε

Δούρατ' ε με μπούκουρ'
σε νι' ούναζ' ε ρεβόνιεσε :
φιάλα « φαλεμιντέριτ. »

* * *

Vjedhja e nuses

Dhuratë më e bukura
se një unazë fejese:
fjala "faleminderit".

Νυφοκλοπή

Δώρο ομορφότερο κι
από δαχτυλίδι του
αρραβώνα η λέξη
«ευχαριστώ»

* * *

Bridal Theft

A gift more beautiful
than any engagement
ring, to say the words
"thank you".

Brautdiebstahl

Ein schöneres
Geschenk als ein
Verlobungsring: das
Wort „Dankeschön.“

* * *

Vol de mariée

Le plus beau cadeau,
comme une bague de
fiançailles, c'est le mot
« Merci. »

XXXV.
Στρατιότι

Σι τουφε κόρμπασς

καλόρεσιτ τε ζέζα

περχάπιν βντέκιεν'.

* * *

Stratioti

Si tufë korbash

kalorësit e zinj

përhapin vdekjen.

Στρατιότι

Σαν τα κοράκια
μαυροντυμένοι
ιππότες θάνατο
σκορπούν.

Stradioti

Wie ein
Rabenschwarm,
bringen die schwarzen
Ritter den Tod überall.

* * *

Stradioti

Black cavalrymen,
who, like a murder of
crows, spread death in
their wake.

Stratiotes

Les chevaliers noirs
comme une volée de
corbeaux propagent la
mort.

XXXVI.
Ροσ' ε σσεμτούαρε

Τούκε ου γκρίτουρ'
γκα λούτσα, μιέλλμα διέβε
ν' κρύετ' ε νιε ροσ'.

* * *

Rosë e shëmtuar

Ngritja nga liqeni,
mjellma dhjeve në kokën
e rosës së varfër.

Άσχημη πάπια

Ο κύκνος χέζει
μια πάπια στα μούτρα
στην απογείωση.

* * *

Ugly Duckling

Rising from the lake,
a swan shat in the face
of an innocent duck.

Häßliches Entlein

Der Schwan, aus dem
See aufsteigend, schoss
der armen Ente ins
Gesicht.

* * *

Vilain petit canard

S'élevant du lac, un
cygne a chié au visage
d'un pauvre canard.

XXXVII.
Έγινα (κρίπα ε τοκεσε)

Ν’ ερεν’ ε Εγιέουτ,

τε πικκέν φιστίκετε

ντε σσελιν’ ε εμπλε.

* * *

Egjina (kripa e tokës)

Në erën e Egjeut,

te piqen fistikët, në

kripën e ëmbël.

Αίγινα
(το άλας της γης)

Στον Αιγαίο, οι

φιστικιές ωριμάζουν

στην γλυκιά αλμύρα.

* * *

Aegina
(the Salt of the Earth)

In Aegean winds,

the pistachios ripen

in salty sweetness.

Ägina
(das Salz der Erde)

Im ägäischen Wind

reifen die Pistazien

in salz'ger Süße.

* * *

Égine (le sel de la terre)

Dans le vent égéen

les pistaches mûrissent

en douceur salée.

XXXVIII.

Νιε λλοï περθενε

Σι σεκλέτι ι νταρε,
ισστε γκίμσι ι σεκλέτιτ,
χαρέ ε ντάρε με τ' βερτετ'
ισστε νιε χαρέ ε ντυφίσστε.

* * *

Një lloj proverb

Si dhimbje i ndarë
është gjysmë i dhimbjes,
gëzim i ndarë në të vërtetë
është gëzimin e dyfishtë.

Ένα είδος παροιμοίας

Όπως ο καημός
μοιρασμένος είναι και
μισός καημός, η χαρά
μοιρασμένη είναι χαρά
διπλάσια.

* * *

A Kind of Proverb

Whereas sorrow
shared is half the
sorrow, pleasure
shared it is pleasure
doubled.

Eine Art Sprichwort

Wie ein geteiltes Leid
nur ein halbes Leid ist,
wird beim Vergnügen
das verdoppelt,
was geteilt zu zweit ist.

* * *

Une sorte de proverbe

Alors que le chagrin
partagé est la moitié
du chagrin, le plaisir
partagé est un plaisir
doublé.

XXXIX.
Φρούτα τε βάρουρα τε ούλιτ

Ε ρεντε μπαρε :

σσέγκενετ' ε πιέκουρα

πλάσιν με πέμε.

* * *

Fruta të varura të ulit

E rëndë peshë:

shegët e pjekura po

shpërthejnë me frutë.

Χαμηλά φρούτα	*Tief hängende Frucht*

Βαρύ φορτίο:
τα ρόδια τα ώριμα
σκάνε στον καρπό.

Eine schwere Fracht:
Die reifen Granatäpfel
platzen vor Früchten.

* * * * * *

Low-hanging Fruit *Fruits à portée de main*

A heavy payload: the
ripened pomegranates
are bursting with fruit.

Une lourde charge :
comme des grenades
mûres regorgeant de
fruits.

XL.

Νε κετε φιτόν

Βρέσστι ε βερτετ'
γκα θελ'σίρ' ε σσέκουλβε
ρριν ντιτ'ν' ε σότμε.

* * *

Në këtë fiton

Hardhia e vërtetë
nga thellësia e shekujve
ushqen të tashmen.

Εν τούτο νίκα

Τ' αληθινό αμπέλι απ'

τα βάθη των αιώνων

θρέφει το παρόν.

* * *

*By this thou shalt
conquer*

Only one true vine
from the depths of
centuries sustains the
present.

Hierdurch siege

Der echte Weinstock,
aus den tiefsten
Jahrhunderten, nährt
die Gegenwart.

* * *

Par cela tu vaincras

La seule vraie vigne,
des siècles les plus
profonds, nourrit le
présent.

XLI.
Αρετί εδέ Κακία

Σι ινδιάνετε

με ντυ ούλκρα ντε ζεμ'ρε,

ου καμ ντυ μούζα :

νιερα κα ετιε περ γκιακ,

εδέ ε νιάτρα περ κουπ'τίμ !

* * *

Areti dhe Kaqia

Siç indianët,

kanë dy ulqër në zemër,

unë kam dy muza:

njëra ka etja për gjak,

edhe tjetra për kuptim!

Αρετή και Κακία

Σαν τους ινδιάνους
που έχουνε δυο
λύκους, έτσι έχω 'γω
δυο μούσες: η μια διψά
για αίμα η άλλη για
σοφία!

* * *

Arete and Kakia

Like the Indians, who
have two wolves in
their hearts, I have two
Muses: one craves
ceaselessly for blood,
the other thirsts for
wisdom!

Arete und Kakia

Wie Indianer zwei
Wölfe in sich tragen,
hab' ich zwei Musen:
die eine dürstet nach
Blut, die andere nach
Weisheit!

* * *

Areté et Kakia

Comme les Indiens, qui
ont deux ulcères en
eux, j'ai donc deux
muses : l'un est
assoiffé de sang, l'autre
de compréhension !

XLII.
Μπιρμπίλι πυροσβέστι

—με Τάσο Μορένε

Τούκε λεφτούαρ ζιάρρριν με ζιαρρ,

ι πατρέμπουρ φλακ'τε σσούαν

με σύσατ' μαδεσστόρε.

* * *

Zjarrfikës hermafrodit

Duke luftuar zjarrin me zjarr,

i patrembur fiku flakët

me cicat madhështore.

*Ερμαφρόδιτος
Πυροσβέστης*

Πολεμόντας φωτιά με
τη φωτιά, ατρόμητος
σβήνει τις φλόγες με
τα μεγαλοπρεπή του
στήθη.

* * *

*Hermaphrodte
Firefighter*

Fighting fire with fire,
unfazed, he puts out
the flames with his
majestic tits.

*Zwittriger
Feuerwehrmann*

Feuer mit Feuer
bekämpfend, löscht
er die Flammen
unbeeindruckt mit
seinen majestätischen
Busen.

* * *

*Pompier
Hermaphrodite*

Combattre le feu par le
feu, imperturbable, il
éteint les flammes avec
ses seins majestueux.

XLIII.

Φλάμουρ ι περδούνιμιτ

Νε τε τραζούαρ' :
φλάμουρι ι περδούνιμιτ
ερ'σόν ι μπάιτουρ' !

* * *

Flamur i përdhunimit

Mes trazirave
flamuri i përdhunimit
valon i mbajtur!

Σημαία βιασμού

Της διχώνιας
η σημαία βιασμού
περήφανα πετά!

* * *

Flag of Rape

Amid confusion, the
banner of rape culture
is flying with pride!

*Flagge der
Vergewaltigung*

Mitten des Aufruhrs:
voller Stolz weht die
Flagge der
Vergewaltigung!

* * *

Drapeau du viol

En pleine tourmente :
la bannière du viol
flotte avec fierté !

.

XLIV.
Σστατεσσπάτα

Σσερ Μερίζα σ'κλαν :
σστατ' σσπάτα ε τζπον ζέμρεν'
ε σάγια τε μπουτ',
πο αγιό εδέ ε ντουρόν
με χιρ δε γκαζ ι χίδουρ'.

* * *

Shtatëshpata

Panaja nuk qan:
shtatë shpata e shpojnë zemrën
e saj të butë,
por ajo ende e duron
me hir dhe gaz i hidhur.

Επτάσπαθη

Δεν κλαίει η Παναγιά:
επτά σπαθιά την
τρυπούν στην
τρυφερή της την
καρδιά, μα εκείνη με
χάρη τα υποφέρει.

* * *

*St. Mary of the Seven
Swords*

Saint Mary weeps not:
seven swords piercing
her heart, so gentle
and kind, she endures
nevertheless with a
bitter, graceful smile.

*Heilige Maria mit den
sieben Schwertern*

Maria weint nicht: als
ihr sanftes Herz,
durchbohrt von sieben
Schwerter, alle Pein
trotzdem erträgt, mit
anmutigem Lächeln.

* * *

*Sainte Marie des Sept
Épées*

Sainte Marie pleur
pas : sept épées
transpercent sa cœur,
si doux et gentil
pourtant elle endure
toujours, souriant
d'une grâce amère.

XLV.

Ανθολογκί παλατίνε

Νιε ρρεμουγιε λλαφαζάνε
τε μπερε με αλγορίτεμ
ε σσκρούαρ γκα φαντάζματ
νε νιε γκλούχ' ε βντέκουρ'
εδέ ε βάρροσουρ' εδέ
τρε χερε τε χαρρούαρ.

* * *

Antologji palatine

Një rrëmujë llafazane
të bëre me algoritëm
e shkruar nga fantazmat
në një gjuhë të vdekur
dhe të varrosur e dhe
tre herë të harruar.

Παλατινή ανθολογία

Φλύαρες ασυναρτησίες
φτιαγμένες με αλγόριθμο
από φαντάσματα
γραμμένο
σε μια γλώσσα νεκρή,
θαμμένη και
τρισλησμονημένη.

* * *

Palatine Anthology

A verbalistic mess
made by algorithm
written by ghosts
in a dead and
buried and thrice
forgotten language.

Palatine Anthologie

Ein scwatzendes
Tohuwabohu,
von einem Algorithmus
erzeugt, von Geistern
geschrieben
in einer toten,
begrabenen und dreimal
vergessenen Sprache.

* * *

Anthologie palatine

Un désordre bavard
fait par algorithme
écrit par des fantômes
dans une langue morte
et enterré et
trois fois oublié.

XLVI.
Λοντρε γκλούχε

Μπαρμπε-Βίτγκενσσταϊν
νουκ' κισς ι γκαμπίμ ι πλοτ',
πο, με σσουμε σε
νιε λοντρε, γκλούχα ισστε
σι νιε μιετ ι κουλτέσεσ'.

***

Lojë gjuhesore

Xhaxha Wittgenstein
nuk kish i gabim i plotë,
por më shumë se
një lojë, gjuha është
në fakt një mjet i kujtesës.

Γλωσσικό παιχνίδι

Δεν είχε κι άδικο
ο μπάρμπα-
Βίτγκενσταϊν, αλλά
αντί για παιγνίδι,
η γλώσσα είναι σαν
μια μνημονική
συσκευή.

* * *

Language Games

Uncle Wittgenstein
was not entirely
wrong, but more than
a game, language is in
actual fact like a
mnemonic device.

Sprachspiel

Onkel Wittgenstein
hatte nicht völlig
Unrecht, aber die
Sprache, mehr als ein
Spiel, ist eher eine
Gedächtnisstütze.

* * *

Jeu de langage

L'oncle Wittgenstein
n'avait pas
entièrement tort,
mais la langue humain,
plus qu'un jeu, est
advantage un aide-
mémoire général.

XLVII.
Τε παπρίτουρε!

Γιενίτσερ'τ' ίσσιν

ακρίτετ' τε οσμάν'βετ

με σσπίρτιν ρωμιόιτ.

* * *

Të papritur!

Jeniçerët ishin

akritet të osmanëve

me shpirtin romak.

Ἄκρον ἄωτον!

Οι Γενίτσαροι:
Οθωμανοί Ακρίτες
με ρωμιοσύνη.

Quatsch!

Janitscharen waren
osmanische Akriten
im römischen Geist.

* * *

* * *

Preposterous!

Jannisaries were
the Ottoman Akrites
with Roman spirit.

Des conneries !

Akrites ottomans
étaient les janissaires
dans l'esprit romain.

XLVIII.

Λεϊλέκου

Λεϊλέκου με κράχουν ε θύερε

σσόκουν ε σάγια ντο τε πρεσε,

πο γκιερ αϊ γκα ξενιτιά

    ντο τε γιέτε κθύερε,

ντε σσπετίμιν ε σάγια κα μπεσε.

* * *

Lejleku

Lejleku me krahun e thyer

shokun e sai do të presë,

dhe derisa ai të marrë

    kthimin nga shtëgtimi,

në shpëtimin e saj ka besim.

Ο πελαργός

Der Storch

Ο πελαργός με το
σπασμένο το φτερό, το
σύντροφό της
περιμένει, κι ώσπου
εκείνος επιστρέψει
από την ξενιτιά, στην
πίστη της βγαίνει
λυτρωμένη.

Der Storchin mit
gebroch'nen Flügel, die
auf ihren Partner
wartet, wird, bis er
von seinem Vogelzug
zurückkehrt, ihrer
Treue nicht entartet.

* * *

* * *

The Stork

La cigogne

The stork with the
broken wing is waiting
for her mate, and until
he returns from his
migration, her faith
safeguards her fate.

La cigogne aux ailes
brisées attend sa
compagne, et jusqu'à
son retour de sa
migration, sa foi c'est
forte comme une
montagne.

XLIX.

Ρεσιτάλ ι νατεσε

Μπιμπίλι κεντον,
θοτ' τε νανουρίσουριτ
περ λουγκέτεριτ.

* * *

Resital i natës

Bibili këndon
thotë ninullat të ëmbla
për të pagjumësit.

Νυχτερινό ρεσιτάλ

Τ' αηδόνι κελαηδά

γλυκά νανούρισματα

για τους άυπνους.

* * *

Evening Concert

The nightingale sings

a saccharine lullaby

for insomniacs.

Abendkonzert

Die Nachtigall singt ein

zuckersüßes Schlaflied

für die Schlaflosen.

* * *

Recital nocturne

Le rossignol chante les
berceuses les plus
douces aux
insomniaques.

L.

Λεκα ι Mecha
(Guardian Force)

Πο σίκουρ, σι ντ' ατό
καρικατούρατ κινέζε,
« Λέκα ι μαδ » νουκ' ισστε βετεμ
νιατρε νιε μορφί
τσσε γκιθτσίλι Λεκε μουντ κουρντό
τ'ου μεταμορφόσετε ;

Μεντόνν σε ντο τ' ισς σσουμ' τε κκέσσουρ'.

* * *

Po sikur, si në ato
karikaturat kineze,
"Leka i madh" të jetë vetëm
një formë tjetër
që secili Lekë mund kurdo
t'u transformohet?

Mendoj se do të ishtë shumë qesharake.

Τι κι αν, όπως στα
Κινέζικα μικυμάους,
ο «Μεγαλέξανδρος» είναι
απλά άλλη μια μορφή
στην οποία όποιος
Αλέξανδρος θα
μπορούσε ανά πάσα
στιγμή να
μεταμορφωθεί;

Θα ήταν πολύ αστείο
αυτό, νομίζω.

* * *

What if, like in those
Chinese cartoons,
"Alexander the Great"
was just another form
any given Alexander
could at any moment
transform into?

That would be pretty
funny, I think.

Was wäre, wenn
„Alexander der Große"
wie in den chinesischen
Cartoons nur eine andere
Form wäre, in die sich
jeder beliebige
Alexander
jeden Moment
verwandeln könnte?

Das wäre ziemlich lustig,
denke ich.

* * *

Et si, comme dans les
dessins animés chinois,
« Alexandre le Grand »
n'était qu'une autre
forme dans laquelle
n'importe quel Alexandre
pourrait se transformer à
tout moment ?

Je pense que ce serait
drôle, non ?

137

LI.

Αντιπαροχή

Τσσε φορτσ' ε ποσστ'ρα
έρδι εδέ σσκατερρόι
κόντρατ δε άρετ'
τε νιόμετ' τε Αθήνεσ'
εδέ ε ντερτόι κκυτέτιν ;

* * *

Çfarë forcë ogurzi
ka ardhur për të prishur
kodrat dhe arët
të njomët të Athinës
dhe e ndërtuan qytetin.

Ποιες δυσοίωνες
δυνάμεις κατέστρεψαν
τους χλωρούς λόφους
και κοιλάδες κι
έχτισαν την πόλη της
Αθήνας;

Welche dunkle Macht
kam zum Attischen
Becken, um grüne
Täler und Hügel zu
zerstören, und die
Stadt zu erricthen?

* * *

* * *

What ominous force
came to destroy the
verdant hills and
valleys of the Attican
Basin and built the city
there instead?

Quelle force
menaçante a détruit
les collines
verdoyantes et les
vallées du bassin
attique et y a construit
la ville ?

LII.

Φρίκε ε πελιστέρεβετ

Πελλούμπατ βινιε
πραπε ντε μπαλκόνιν τιμ,
περ τε ντερτόινε
φόλετ' τε τύρε, εδέ πας
τε γκιούανν με μπαστούνιν.

* * *

Tmerri i pëllumbave

Pëllumbat vijnë
përsëri në ballkonin im,
për të ndërtuar
foletë e tyre, edhe pas
të gjuaj me bastunin.

*Τρόμος των
περιστεριών*

Τα περιστέρια
επιστρέφουνε ξανά
στο μπαλκόνι μου
να χτίσουνε φωλιές
ενώ τα διώχνω με
μπαστούνι.

* * *

Terror of the Pigeons

The pigeons have been
coming to my balcony
again and again to
build their nests, all
the while I'm chasing
them with my cane.

Schrecken der Tauben

Die Tauben kommen
immer wieder auf
meinen Balkon um ihre
Nester zu bauen,
während ich sie mit
Stock verjage.

* * *

La terreur des pigeons

Les pigeons reviennent
tous le jours sur mon
balcon, encore et
encore, construire
leurs nids, même
quand je les chasse
avec ma canne.

LIII.

Χέλκκουρε περ βντέκιεν

Σι ζιάρρμι τσσε χελκ

πεταλούδατε, χελκκίμ

δε νιερι-νιατρεν'.

* * *

Tërheqje fatale

Si tenja në zjarr,

në jemi të tërhequr

ndaj njëri-tjetrin.

Μοιραία έλξη

Όπως η φωτιά την
βώρτυδα έλκουμε ο
ένας τον άλλον.

* * *

Fatal Attraction

Like moths to a fire
we attract one another
inexorably.

Tödliche Anziehung

Wie Motten zum Feuer,
hingezogen fühlen wir
uns zueinander.

* * *

Attraction fatale

Comme un papillon
dans la flamme, nous
attirons l'un à l'autre
aussi.

LIV.
Β'λλα ι βράου β'λλαμε

Να ι κέμι μπερε

χασάπενε τονε τριμ'

ε ντέλετ' ούλκρα.

* * *

Vëllavrasje

Ne i kemi bërë

kasapin tonë hero

dhe delet ujqër.

Αδελφοκτονία

Έχουμε κάνει

τον χασάπη ήρωα

και τ' αρνιά λύκους.

* * *

Fratricide

We've made a hero
out of a ruthless
butcher, and wolves
out of sheep.

Brudermord

Wir haben Helden
von unsre Metzger
gemacht, und Wölfe
aus Schafen.

* * *

Fratricide

Nous avons bien faire

un héros du boucher et

des loups des moutons.

LV.
Λοντρε με σσπατε

Νιε βάλλε ε λουφτεσ'
σι νιε λοντρ' ε χέλκκουρε :
μουντεσίμ πα γκιακ.

***

Lojë me shpatë

Një valle lufte
si një lojë tërheqje:
fitore pa gjak.

Ξύλινα σπαθιά

Χορός πολέμου
σαν μια διελκυστίνδα:
αναίμακτη νίκη.

* * *

Swordplay

Like a rhythmic dance,
or a frenzied tug-of
war: bloodless victory.

Schwertspiel

Rhytmischer
Kriegstanz, wie ein
wildes Tauziehen;
unblutiger Sieg.

* * *

Jeux d'épée

Comme une danse
rhythmée, ou comme
la tir à la corde : une
victoire sans sang.

LVI.

Δερβίσσι

Βερβίς πα πούσσιμ,
με σσπεϊτ εδέ με σσπεϊτ, νιορμ
με τε βινιε ντ'ρροβ',
εδέ σι νιε τυφώνε
θιθνν ντριτ'ν' ε περεντίσ'.

* * *

Dervishi

Po rrotullohem,
më shpejt edhe më shpejt, gjer
të marramendem,
edhe si një uragan
po thith dritën hyjnore.

Der Derwisch

Ο Δερβίσης

Κάνοντας κύκλους
όλο και πιο γρήγορα
για να ζαλιστώ
σαν ανεμοστρόβιλος
που ρουφά θεϊκό φως.

Ich dreh' mich im Kreis
immer schneller, bis es
mir völlig schwindelig
wird, und dann, wie
ein Hurrikan saug' ich
das heil'ge Licht auf.

* * *

* * *

The Dervish

Le Derviche

I'm running circles
faster and faster, until
I get all dizzy, and then,
like a hurricane, I suck
up the divine light.

Je tourne en rond de
plus en plus vite,
jusqu'à ce que j'ai le
vertige, et puis, comme
un ouragan, j'aspire la
lumière divine.

LVII

Γκατσ' ε τε ντάσσουριτ

—Μοϊ τσσε τ' ου φτες εδέ με κε

τε ρρι μπι θ'γγιλλ τε τσέλουρα;

      —Ντο τε τε μπενν γκα προύσσι

         δ005ιαμάντι πα τε μέτα

με περκεδέλιε εδέ τ' πούθουρ' με τε γκροχ'τα.

* * *

Gacë e dashurisë

—Çfarë të unë kam bërë dhe më ke

të rri mbi thëgjij të nxehtë?

      —Do të të bëj nga qymyri

         një diamant pa të meta

me puthje e përkëdhelje më të ngrohta.

Καψουροκάρβουνα

—Τι σου 'φταιξα και μ'
έχεις βάλει να κάθομαι
στ' αναμμένα
κάρβουνα;

—Από κάρβουνο θέλω
να σε κάνω
αψεγάδιαστο διαμάντι
με τα πιο ζεστά φιλιά
και χάδια.

∗ ∗ ∗

Embers of Love

—What have I done,
for you to make me
walk on hot coals like
this?

—I will turn you from
a charcoal into a
flawless diamond with
the warmest kisses
and caresses.

Liebeskohle

—Was hab' ich dir
getan, daß du mich auf
heißen Kohlen läufen
läßt?

—Von Kohle werde ich
dich zu einen
makellosen Diamanten
machen, mit den
wärmsten Küssen und
Liebkosungen.

∗ ∗ ∗

Les braises d'amour

— Qu'ai-je fait pour
que tu me fasses
marcher ainsi sur des
charbons ardents ?

—Je te transformerai
d'un charbon en un
diamant impeccable
avec les baisers et les
caresses les plus
chaleureux.

LVIII.

Μπουλούκκ ι ντασσουρούαρ

Ντε σεβντά δε λουφτ’
τούτι γιανε τε μούντουρ’·
λεφτοϊμε βετε,
πο να γιέμι κετου μπασσκ’ :
σ’μπάιμε τε μπουργκόσουριτ !

* * *

Buluq i dashuruar

Në sevda dhe luftë
te gjitha janë të mundur;
luftojmë vetë,
por ne jemi këtu bashkë:
nuk mbajmë të burgosur!

*Liebeskummer-
Battalion*

Λόχος ερωτολάγνων

Στην αγάπη και στον
πόλιεμο όλα είναι
δυνατά· πολεμάμε
μόνοι μας, αλλά
είμαστε ενωμένοι: δεν
κρατάμε αιχμαλώτους!

Alles ist möglich,
in der Liebe und im
Krieg; wir kämpfen
allein, doch stecken da
gemeinsam drin:
macht keine
Gefangenen!

* * *

* * *

Lovelorn Battalion

Battaillon amoureux

In love and in war, as
we know, anything
goes; we fight on our
own but we're in this
together, as we take no
prisoners!

Quand tout est permis
dans la guerre et dans
l'amour, nous battons
seuls, mais nous
sommes dans le même
bateau, ne faisant de
prisonniers.

LIX.

Βίγγλε ε κκύκκεσε

Ζγκιόχου, φουκαρά !
Τι βιέδιν ντιελλμε τεντε
δ' ακόμα τι φλε ;

* * *

Vigjlija e qyqes

Zgjohu, fukara!
Vjedhin fëmijët tuaj
dhe ti fle akoma?

Σκοπιά του Κούκου

Ξύπνα, φουκαρά! Σου
κλέβουν τα παιδιά σου
κι εσύ κοιμάσαι;

* * *

Cuckoo's Vigil

Wake up, poor old
chap! They've been
stealing your children
and you're still
sleeping?

Kuckuckswache

Wach auf, armer Kerl!
Deine Kinder
gestohlen, und du
schläfst immer noch?

* * *

La veillée du coucou

Réveille-toi, le pauvre !
Ils ont volé tes enfants
et tu dors toujours ?

LX.

HS-35 「桂男」：
Νιέριου ι χενεσε

桂男すまずなりけり雨の月

－松尾芭蕉 （Ｍａｔｓｕｏ　Ｂａｓｈō）

Νιέριου ι χενεσ’

ντο τε ρριτε ντε σστεπι·

μπίε σσι σόντε.

***

Njeriu i hënës

qëndron në shtëpinë e tij;

bie shi sonte.

Φεγγαράνθρωπος
κλείστηκε στο σπίτι
του· θα βρέξει απόψε.

Das Mondmännchen
bleibt heute Abend
zuhause; es regnet
vielleicht.

* * *

The man on the Moon
is staying inside
tonight, it's looking like
rain.

L'homme de la Lune
reste à l'intérieur ce
soir, parce qu'il va
pleuvoir.

LXI.

HS-543「遊女も寝たり」：
Κούρβατ φλεν…

一家に遊女も寝たり萩と月

ー松尾芭蕉 （Matsuo Bashō）

Κούρβατ φλεν τ' εμπλε

μπασσκε ποσστε νιε σκεπί :

τερφιλ ι χενεσ'.

* * *

Kurvat flenë të ëmbël

së bashkë nën një çilat:

tërfil i hënës.

Πόρνες κοιμούνται
κάτω από μια σκεπή
τρίφυλλο φεγγάρι.

* * *

The prostitutes sleep
together under one
roof: clover and
moonlight.

Die Huren schlafen
zusamm' unter einem
Dach: Kleeblatt des
Mondlichts.

* * *

Les prostituées
dorment ensemble
sous un même toit :
trèfle au clair de lune.

LXII.

51.1「神と佛」：
Into The Cool

すゝしさや神と佛の隣同士

－正岡子規（Masaoka Shiki）

Ντε κετε βεσε

περεντίτ' ε μπούντα ρροϊν'

μπασσκε ντε πακκ.

* * *

Në këtë vesë

perënditë e buda rronjnë

së bashku në paq.

Σ' αυτή τη δροσιά
θεοί και Βούδες ζουν
μαζί ειρηνικά.

In dieser Kühle leben
Götter und Buddhas
friedlich zusammen.

* * *

* * *

Within this coolness,
gods and Buddhas are
living peaceful side by
side.

Dans cette fraîcheur
les dieux et les
bouddhas vivent
ensemble en toute
paix.

LXIII.

Κενγκ' ε υλμπέριτ

Α ντο τ' ισς σσίου

ντ' ρρέζετ' τίμετε ντίελλι

περ τε μπεϊμ' νι' υλμπέρ ;

* * *

Këngë e ylberit

A do të ishe shiu

në rrezet time të diellit

për të bërë një ylber?

Ιρίδιο Άσμα

Θα ήσουν βροχή στον
ήλιο μου, να κάνουμε
ουράνιο τόξο;

* * *

Rainbow Song

Would you be the rain
caught in my ray of
sunshine to make a
rainbow?

Regenbogenlied

Willst du Regen sein, in
meinem Sonnenschein,
wie der Regenbogen?

* * *

Chant arc-en-ciel

Seriez-vous la pluie
dans mon rayon de
soleil pour faire l'arc-
en-ciel ?

LXIV.

52.3 「孔雀の俳句」：
Παγόνι ι κρενάρ

春風に尾を広げたる孔雀哉

－正岡子規（Ｍａｓａｏｋａ　Ｓｈｉｋｉ）

Ντ' ερεν' ε βερεσ'

ερεσόν μπίσστιν' ε τιγ

παγόνι ι κρενάρ.

***

Në erën e verës

shtrin bishtin e tij të madh

pallua krenare.

Στον θερινό αέρα

ανεμίζει την ουρά του

τ’ αγέρωχο παγόνι.

Seht, im Sommerwind,
mit seinem stattlichen
Schweif, stolziert sich
der Pfau.

* * *

* * *

In the summer breeze,
fanning out its stately
tail: behold, the
peacock!

Dans la brise d’été,
déployant sa queue
grandiose : voici, le
paon !

LXV.

Ἐντελβαΐς

Ω λούλε ε μπούκουρ' :
κακκ μαγιέψουρ', ε φρρίτουρ'
δε φούντιτ μπλαζέ·
νε τσσε μαλ τε ποτίσουρ'
με γκιακ ντούχεϊ τε ρρίτεσς ;

* * *

Edelweiss

O lule e bukur:
aq magjepsës, e ngopur
dhe plotësisht blazhe;
në cilin mal të përgjakur
a duhej të rriteshe?

Έντελβαΐς

Ω όμορφο άνθος:
μαγευτικό, χορτάτο
κι εντελώς μπλαζέ·
σε τι βουνό αιματηρό
έπρεπε να φυτρώσεις;

* * *

Edelweiss

Thou lovely blossom:
so enchanting, satiated
and wholly blasé; on
what mountain
drenched in blood did
you ever learn to
grow?

Edelweiß

Du holde Blüte:
so hinreizend, gesättigt
und völlig blasiert;
auf welchem blut'gen
Berge hast du je
wachsen müßen?

* * *

Édelweiss

Toi, la plus belle fleur :
si enchanteresse,
rassasiée et tout à fait
blasée ; sur quelle
montagne sanglante
as-tu appris à grandir ?

LXVI.

HS-505　「奥の歌」：
Κ ε ν γ κ ε　τ᾽ ἀ ρ α β ε τ

風流の初めや奥の田植歌

—松尾芭蕉（Ｍａｔｓｕｏ　Ｂａｓｈô）

Ε μπεϊτεσιρεσ᾽

ε βερτετ᾽ τε νίσουριτ :

κενγκ᾽ ε άραβετ.

＊＊＊

E poezisë

origjinën e vërtetë:

këngë e arave

Η πραγματική
γενέτειρα της ποίησης:
τ' αγροτράγουδο.

* * *

The true origin
of poetry can be found
in the farming songs.

Der waren Dichtkunst
Ursprung, ist das
Nördliche
Reistplantagelied.

* * *

L'origine de la
poésie : le chanson des
plantations de riz.

LXVII.

50.1 「もつれた花」：
Λουλε τε ντρεδουρα

ちる花にもつるゝ鳥の翼哉
—正岡子規（Ｍａｓａｏｋａ　Ｓｈｉｋｉ）

Κραχετ᾽ ε ζόγγ᾽βε

τε ντρέδουρα με λούλε

πουπ᾽λ᾽ ε πετάλε.

* * *

Krahët të zogjve

të ndërthurur me lule

pupla e petale.

Τα φτερά πουλιών
πλεγμένα μ'
ανθοδέσμες πέταλα
πετούν.

Die Vogelflügel
verwickeln mit
fallenden
Blütenblätter.

* * *

* * *

The wings of the birds
hanging on falling
flowers feathers and
petals.

Les ailes des oiseaux
accrochées aux fleurs
qui tombent ; plumes
et pétales.

LXVIII.

Φάρα ε Υλλιεβετ

Φιάλετε τίμετ'
σ'γιαν' σε κρρίμπετ' τσσε χανε
πεμεν ε μύκουρ',
πο φάρα τσσ' αγιό περμπάν
σ'κα ζενε ρρενιε ακόμα.

* * *

Fara e yjëve

Fjalët e mia
nuk janë se larvat që hanë
frutin e mykur
por fara që përmban
ende s'ka zënë rrënjë.

Α σ τ ρ ό-
σ π ε ρ μ α

Τα λόγια μου ειν' τα
σκουλήκια που τρώνε
το σάπιο φρούτο αλλά
ο σπόρος του δεν έχει
ακόμα ριζώσει.

* * *

S t a r s e e d

My words are no more
than maggots that are
gnawing at the spoiled
fruit, but the seed that
is contained therein
has yet to take root.

S t e r n e n —
s a a t

Meine Worte
sind nichts mehr als
Maden, die an der
verdorbenen Frucht
nagen, deren Samen
noch Wurzeln schlagen
müssen.

* * *

G r a i n e
d'é t o i l e s

Mes mots ne sont plus
que les asticots qui
rongent aux fruits
gâtés, mais la graine
qui y est contenue n'a
pas encore pris racine.

LXIX.

Κ β α ν τ ί κ ε
ε γ κ ο ν τ ί τ ι ε σ ε

Πο τε ζγκλίδουρ᾽ σ᾽ισστ᾽

ε με μάδε σε σσούμα

ε πιέσ᾽βετ τε σάι,

αχέρα σ᾽ισστ᾽ ε με σσουμ᾽

σε νιε πιεσ᾽ ε πρόβλεμιτ.

***

K v a n t i k e   e   g o d i t j ë s

Kur të zgjidhja s᾽është

më e madhe se shuma

e pjesëve të sai,

atëherë s᾽është më e shumë

se një pjesë e problemit.

K β α ν τ ι κ ή
Ε π ι τ υ χ ί α ς

Αν η λύση δεν είναι
μεγαλύτερη από το
άρθρο των μερών της,
καθιστά μέρος του
προβλήματος.

* * *

Q u a n t u m
o f
S u c c e s s

If the solution
is not to be greater
than the sum of its
parts, then it's really
no more than a part of
a bigger problem.

E r f o l g s —
q u a n t u m

Wenn die Lösung
nicht größer ist als
die Summe ihrer Teile,
denn ist sie eigentlich
nicht mehr, als ein Teil
des Problems.

* * *

Q u a n t u m
d e
r é u s s i t e

Si la solution n'est pas
supérieure à la somme
des parties, alors elle
ne constitue qu'une
partie d'un grand
problème.

LXX.
Βερτέτα με ντυ κόψιτ

Βερτέτα νεκε
χρειάζετ τε κουλτόχετ',
σι ντο τε μπενιμ
κουρ νε θέμι ρεppετ', ε
γκαγιό εδέ ε χαρρόιμε.

* * *

E vërteta me dy tehe

E vërteta nuk
duhet të kujtohet,
si do të bënim
kur ne themi gënjeshtra:
prandaj edhe e harrojmë.

Δίκοπη αλήθεια

Αντίθετα με
ψέμματα, την αλήθεια
δεν χρειάζεται
να τη θυμόμαστε, μα
γι'αυτό και τη ξεχνάμε.

* * *

Double-Edged Truth

The truth need not be
recalled as we would, if
we were to tell a lie,
but that's also the
reason why we tend to
forget it.

*Zweischneidige
Wahrheit*

Man braucht sich zwar
nicht die Wahrheit zu
erinnern, wie man tun
würde, wenn man lügt,
aber genau darum
wird sie vergessen.

* * *

*La vérité à double
tranchant*

On n'a pas besoin de se
souvenir de la vérité,
comme on le ferait si
on mentait, mais juste
pour ça on l'oublie.

LXXI.

Κυνίγι ε αλτρουίστιτ

Με σσκοπ ε καλλάμ,

με κεμπεν' ε πρίσσουρ' ε

νιε ουτε ντε κραχ',

ι κκόρρι ι ντάρι κερκον

στάσιν ε λεωφορίουτ.

* * *

Pre e altruistit

Me shkop e kallam

me një këmbën e thyer,

dhe një oud në shpinë—

I qorri kërkon më kot

stacioni i autobusit.

Θήραμα αλτρουιστή

Με πατερίτσα,
σπασμένο πόδι και
ραβδί, έψαχνε ο
τυφλός με το ούτι στη
πλάτη τη στάση του
λεωφορείου.

* * *

Altruist's Prey

With a broken leg, a
crutch and blind stick,
and with an oud on his
back—the blind man
searches in vain for the
station of the bus.

Beute des Altruisten

Mit gebrochenem Bein,
Krücke und
Blindenstock, und
einer Oud auf den
Rücken, sucht der
Blinde nach der
Bushaltestelle.

* * *

La proie de l'artruiste

Avec une jambe cassée,
une canne d'aveugle,
une béquille et sur le
dos un oud, l'aveugle
cherche en vain l'arrêt
de bus.

LXXII.

Τε ζγκλίδουρ' ε τε πίξουρε
(S o l v e   e t   C o a g u l a)

Πλίσι ι μπαρδ' εδέ

φέσι ι κουκκ γιαν' πιεσ' ε νιε

προσέσ' αλχημίκ.

* * *

Treten dhe mpiksen

Plisi i bardhë dhe

fesi i kuq janë pjesë e një

proces alkimik.

Ο λευκός πιλεύς

και το κόκκινο φέσι:

μια αλχημεία.

* * *

The white plis and the

red fez are part of one

alchemical process.

Der weiße Plis und

der rote Fez sind Teil

der gleichen Alchemie.

* * *

Le plis blanc et le fez
rouge font partie d'un
même processus
alchimique.

LXXIII.

Ρόζα

Σι κακκ μπουκουρί,
τσσε περσσκόν ατε τε βετ'
ε μπρετερέσσεσ',
κα νιε γκλουχε ε μ' έχουρε
σε σσπάτα ε τατεσ' τ' ασάι ;

* * *

Roza

Si kaq bukuri,
që e kalon atë të vetë
e mbretëreshës,
ka një gjuhë më të mprehtë
se shpata e atit të sai?

Ρόζα

Με τέτοιο κάλλος, που
ξεπερνά την ίδια τη
βασίλισσα, γλώσσα
κοφτερότερη του
πατρικού της ξίφους.

* * *

Rosa

With such beauty to
surpass even that of
the queen herself, she
also has a sharper
tongue than her
father's mighty sword.

Rosa

Solch eine Schönheit,
die sogar der Königin
übertroffen hat, mit
einer Zunge, so viel
schärfer als ihr Vaters
Schwert.

* * *

Rosa

Avec sa beauté, qui
surpasse celle de la
reine elle même, elle
avait aussi une langue
plus pointue que l'épée
de son père.

LXXIV.

HS-156　「朝食の俳句」：
Μπεΐτ' ι μενγκιέσιτ

朝顔に我は飯食ふ男哉

一松尾芭蕉（Matsuo　Bashô）

Χα μενγκιέσιν ιμ

ι βερμπ'ρούαρ γκα αγκίμι

σι μπουρρ' ι βερτετ'.

***

Ha mëngjesin tim

i verbruar nga agimi

si burrë i vërtetë.

Τρώω το πρωινό
στον ήλιο τυφλωμένος
σαν άντρας σωστός.

* * *

I eat my breakfast
blinded by the
morning sun like a real
big man.

Ich frühstücke, vom
Morgengrauen
geblendet, wie ein
echter Mann.

* * *

Aveuglé par l'aube, je
prends mon petit-
déjeuner comme un
vrai grand homme.

LXXV.

Ντράγκουα

Δον Κιχώτι ι ρι

ντε βεντ τ' μούλιννβε τ' έρεσ'

λουφτόν τουρμπίνα.

* * *

Drangua

Don Kishoti i ri

në vend të mullinve me erë

lufton turbina.

Ο Δράκος

Ο νέος Δον Κιχώτης
αντί για μύλους
πολεμά
ανεμογεννήτριες

* * *

The Dragon

Instead of windmills,
the new Don Quixote
would be fighting wind
turbines.

Der Drache

Statt den Windmühlen,
kämpft der neue Don
Quijote gegen
Windturbinen.

* * *

Le Dragon

Au lieu de moulins le
nouveau Don
Quichotte combat les
éoliennes.

LXXVI.

Ελεγκτάρι

—Μίλτος Σαχτούρης

Inspektori

Νιε κοψστ πλοτ με γκιακ	Një kopsht plot me gjak
ισστε κκιελι	është qelli
δε νιε πακ μπορε	dhe një paq borë
ι λίδα λιτάρετε	i lidha litarët
με ντούχετε	më duhet
τ' ελέγξουρε πραπ'	një herë të kontrolloj
υλλιέζετε	yjet
ου	unë
τρασσεγκιμτάρ ι ζόγγ'βε	trashegimtar i zogjve
ντούχετ'	duhet
εδέ με κραχε τε θύερε	e dhe me krahë të thyer
τε φλουτουρόι.	të fluturuar.

Ο Ελεγκτής

Ένας μπαξές γεμάτος
αίμα
είν' ο ουρανός
και λίγο χιόνι
έσφιξα τα σκοινιά μου
πρέπει και πάλι να
ελέγξω
τ' αστέρια
εγώ
κληρονόμος πουλιών
πρέπει
έστω και με σπασμένα
φτερά
να πετάω.

∗ ∗ ∗

The Inspector

An orchard full of blood
is the sky
and a little snow
I girded my loins
I must once more check
up
on the stars
Even with broken wings
I
heir of the birds
must
fly.

Der Inspektor

Ein Hain voller Blut
ist der Himmel
und ein wenig Schnee
ich gürtete meine Lenden
ich müßte mal wieder
aufschauen
zu den Sternen
ich
Erbe der Vögel
muß
selbst mit gebrochenen
Flügel
fliegen.

∗ ∗ ∗

L'inspecteur

Un bosquet plein de sang
est le ciel
et un peu de neige
j'ai attaché mes cordes
je dois une fois de plus
vérifier les étoiles
Moi
l'héritier des oiseaux
doit
même avec les ailes
cassées
vole

LXXVII.
Αντε ντιέγκεσε ε ρρεμούαρ

Γιαμ νιε λείψανε
γκα νιε επόχ' ε σσκούαρ'
ε προορίσουρ' περ τυ·
πρα, περ τε με ντέζουρε,
ντούχετ' βετεμ τε μπεσόσς.

* * *

Lëndë djegëse fosile

Jam një relike
nga një epokë e shkuar
e destinuar për ty;
kështu, për të më ndezur
duhet vetëm të besosh.

Ορυκτό κάψιμο

Είμαι λείψανο
περασμένων εποχών
προορισμένο για σένα·
λίγη πίστη θέλω για να
πάρω μπρος.

* * *

Fossil Fool

I'm but a relic
of a forgotten epoch
predestined for you;
in order to turn me on
all you need is to
believe.

Fossiler Brennstoff

Ich bin ein Relikt einer
vergessenen Zeit, für
dich vorbestimmt; um
mich zu entzünden,
brauchst du nur an mir
zu glauben.

* * *

Combustibles fossiles

Je suis une relique
d'une époque oubliée,
pour toi prédestinée ;
tout ce dont tu as
besoin pour m'exciter
c'est de croire.

LXXVIII.

Τε κκέσσουρε τε βραρε

Τούτι ιστορία :

τε κκέσσουρ' τσσε κα σσκούαρ

φρικεσίσστε κεκκ.

* * *

Shaka vrastare

E gjithë historia:

një shaka që ka shkuar

tmerrësisht keq.

Φονική φάρσα

Όλη η ιστορία:

μια φάρσα που έχει

πάει τραγικά στραβά.

* * *

The Killing Joke

All of history is no

more than a prank that

went horribly wrong.

Mordsstreich

Alle Geschichte: ein
Streich, der am
schrecklichsten
schiefgegangen ist.

* * *

Scherzo Mortale

Toute l'histoire de ce

pays est une blague qui

a mal tournée.

LXXIX.

Φόλε ε μπεκούαρε

Ντε φανάριν μπι

ντέρεν’ ε κλίσσεσ’

κα νιε φόλε

ε νταλλαντύσσεσ’.

* * *

Fole e bekuar

Në fenerin mbi

derën e kishës

ka një fole

e dallëndyshes.

Ευλογημένη φωλιά

Στο φανάρι πάνω απ'
τη πύλη στην εκκλησιά
είναι κρυμμένη μια
χελιδονοφωλιά.

* * *

Blessed Nest

On the lantern on top
of the church gate a
swallow has built its
little nest.

* * *

Gesegnetes Nest

Auf der Laterne überm
Kirchentor hat eine
Schwalbe ihr kleines
Nest gebaut.

* * *

L'Hiérondelle

Sur la lanterne
au-dessus de la
porte de l'église a
une hirondelle
construit leur petit nid.

LXXX.

Ζ ζ α ρ γ ο ν α ύ τ ι
(L' a r t   d e   l è c h e r)

Τούκε κερκούαρ

περ λέσσιν ι αρτ', ι πουθ

γκόλεν' ε ντράγκοϊτ.

* * *

Zhargonauti

Duke kërkuar

për leshin i artë, i puth

gojën dragoit.

Ζαργκοναύτης

Αναζητώντας
το χρυσόμαλλο δέρας:
στόμα του δράκου.

* * *

Jargonaut

On my quest to find the
golden fleece, I have to
kiss the dragon's
mouth.

Jargonaut

Auf der Suche nach
dem gold'nen Vlies,
hab' ich das
Drachenmaul geküßt.

* * *

Le Jargonaute

À la recherche de la
toison d'or, j'embrasse
la gueule du dragon.

LXXXI.

Πανικόι !

Paniku!

Κέμι μπάρτουρε
τε γκιθ' τε κουπετούαριτ
τε μπερδα εδέ τε γιασστε·

Πάνι κα βντέκουρ,
πο ακόμα σσπίρτι ι τιγ
ι περντρέδουρε να ντιεκ,
μπερδα δε γιασστε
τε γιετεσ' σε περντίτσσμε

εδέ περχαπ πανικό !

Kemi humbur të gjithë
ndjenjën e brendshme
dhe të jashtme;

Pani ka vdekur,
por shpirti i tij
i përdredhur na ndjek,
brenda dhe jashtë
të jetës së përditshme

edhe perhap panikun!

Πανικός!

Έχουμε χάσει κάθε
αίσθηση του μέσα
    και του έξω·

Ο Παν έχει πεθάνει,
αλλά το πνεύμα του
διεστραμμένο
ακόμα μας στοιχειώνει,
εντός κι εκτός
της καθημερινής ζωής

και σκορπά τον πανικό!

* * *

Panik!

Wir haben jegliches Gefühl
fürs Innere und Äußere
verloren.

Pan ist tot
aber sein verderbter Geist
spukt noch immer
bei uns rum,
innerhalb und außerhalb
unseres täglichen Daseins

und löst Panik aus!

* * *

Panic!

We have lost all sense
of the inside and the out;

Pan is dead
but his twisted spirit
is still haunting us
inside and out
of our daily existence

and is spreading panic!

* * *

Panique !

Nous avons perdu tout
sens de l'intérieur
et de l'extérieur.

Pan est mort
mais son esprit corrompu
nous hante toujours,
à l'intérieur et à
l'extérieur
de notre existence
quotidienne

et provoque la panique!

LXXXII.

Ἴρις

Ντε ρρεζ΄τ' ε ντίελλιτ

γκα παλαθούρ' ε μπανιεσ'

λάχεμ ν' υλμπέριτ.

* * *

Iris

Në rrezët e diellit

nga dritarja e banjës

jam larë në ylber.

Στο φως του ήλιου
που μπαίνει στο
μπάνιο
με λούζει η ίριδα.

Der Sonnenschein
bricht durchs
Badezimmerfenster:
Regenbogenbad.

* * *

* * *

As rays of sunlight
break through the
bathroom window
I bathe in rainbows.

Rayons de soleil dans
le bain, comme je me
baigne dans des
arcs-en-ciel.

LXXXIII.

Μπάνιε ν' ντίελλι

Μπάνιε ν' ντίελλι
μπι βαλλεθύερ'τε μπεϊν'
ιρίκκ'τ' ε ντέτιτ.

* * *

Banja dielli

Banja dielli mbi
vallëthyerët po bëjnë
iriqët e detit.

Banja dielli

Λιάζοντας πάνω στους
κυματοθραύστες
κάθονται αχινοί.

* * *

Sunbathing

On the breakwaters
the sea urchins are
quietly bathing in the
sun.

Sonnenbad

Auf den Wellenbrecher
sonnen sich die Seeigel
ruhig im Wasser.

* * *

Bain de soleil

Sur les brise-lames
les oursins prennent le
soleil tranquille dans
l'eau.

LXXXIV.
Βάλλε ε γκρέρζαβετ

Ντυ γκρέρζα λούαϊν'
βάλλεν' ε γκίτμιτ τε τύρε
ντε καρέκλ' ε κόψσιτ.

* * *

Valle e grerëzave

Dy grerëza kërcejnë
vallen e çiftëzimit
në karrigen e kopshtit

Ο χορός των σφήκων

Δυο σφήκες κάνουν
χωρό ζευγαρώματος
στη καρέκλα της
αυλής.

* * *

Dance of the Wasps

Furiously, two wasps
are doing the mating
dance by the garden
chair.

Wespentanz

Zwei Wespen tanzen
ihren Paarungstanz im
Flug überm
Gartenstuhl.

* * *

Danse des guêpes

Deux guêpes dansent

leur danse nuptiale sur

la chaise de jardin.

LXXXV.
Ρόγια ε νατεσε

Νατ’ν’ νε κατούντιν

κουκουβάγιατε μπάινε

βίγλενε πα γκιουμ’.

* * *

Roja e natës

Natën në fshat e

kukuvajat po mbajnë

vigjiljen pa gjumë.

Νυχτερινή φρουρά

Νύχτα στο χωριό οι
κουκουβάγιες κράτουν
άυπνη φρουρά.

* * *

Night Watch

The village at night:
the owls are always
keeping their sleepless
vigil.

Nachtwache

Im Dorf bei Nacht
halten die Eulen immer
ihre schlaflose Wache.

* * *

Veille de nuit

Au village la nuit les
hiboux gardent
vigilants : veillée sans
sommeil.

LXXXVI.

Π α ρ ε μ β ο λ ή

Σι ζογγ' τε μπάρτουρ'
νε τ' σστεκτούαριτ γιέμι
νέβε πελλάζγκετ'.

* * *

N d ë r h y r j e

Si zogj të humbur
në shtegtim, ashtu jemi
dhe ne pellazgët.

Παρεμβολή

Σαν τα χαμένα
πουλιά μεταναστεύουν
και οι Πελασγοί.

***

Interference

Like birds that get lost
in their migratory
flight are we,
Pelasgians.

Interferenz

Wie Vögel, die sich auf
ihrem Zugflug
verirrten, sind wir
Pelasger.

***

Ingérence

Comme les oiseaux qui
se perdent dans leur
migration, nous
sommes des Pélasges.

209

LXXXVII.

ʻΝτερρ περ τε φλουτουρούαρ

Α μουντ τε σσοχε

νιε μπουτσσε ντρυσσίμιν ντερ

γιετ' εδέ βντέκιε,

α κα κκεν' γκιθμόν' ατιέ,

γκιθ' κοχεσε ντε κκίελλ ;

* * *

Ëndërr për të fluturuar

A mund te shohë

një bushtër ndryshimin mes

jetës e vdekjes,

a ka qenë gjithmonë aty,

gjatë gjithë kohës në qiell?

Όνειρα για πέταμα

Ξέρει μια σκύλα τη
διαφορά μεταξύ ζωής
και θανάτου, ή ήταν
πάντοτε 'κει πάνω,
στον ουρανό;

* * *

Dreams of Flight

Could an old bitch tell
what's the difference
between living or
dying, or has she
always been there, in
the heavens all along?

Träume vom Fliegen

Könnte eine Hündin
den Unterschied
wissen zwischen
Leben und Tod, oder
war sie vielleicht schon
immer da, im Himmel.

* * *

Rêve de voler

Une chienne peut-elle
voir la différence entre
la vie et la mort ou
a-t-elle toujours été là,
dans les cieux tout le
long ?

LXXXVIII.
Παραρόγι' ε βογκελ

Μίλιε τεϊ ζεχ'σε
με τ' αφερτά τε προύσσιτ,
ντυ καναρίνα
μάρριν με ρραδε περ τ'ου
κουλντέσετ περ κινδύνε.

***

Pararojë e vogël

Milje larg minierë
më të afërt të prrushit
dy kanarinat
marrin me rradhë për t'u
kujdesur për rrezikut.

*Μικρή
εμπροσθοφυλακή*

Μίλια μακριά από τα
ορυχεία δυο καναρίνια
εναλλάξ κρατούν
φρουρά κατά παντός
κινδύνου.

* * *

Little Vanguard

Somewhere, miles
away from all the
nearest coalmines are
two canaries taking
turns to keep the
watch against
unforeseen dangers.

Kleine Vorhut

Meilen entfernt von
allen nächstgelegenen
Kohleminen, sind zwei
Kanarienvögel, die
abwechselnd Wache
halten.

* * *

Petite avant-garde

Loin de la mine de
charbon la plus proche,
se trouvent deux
canaris, qui se relaient
pour surveiller tout les
dangers imprévus.

LXXXIX.

Μορέα κα ρεve

Να βιέδιν τοκ'νε,
μεσίτιτ ε σπράχτουριτ·
δε γκρατε τόνατ'
εδέ κεγκετ' ε βάλλετ'
να τ' σσέσιν σι τε τύρετ.

***

Morea ka rënë

Na vjedhin tokën,
ndërmjetësit dhe agjentët,
dhe gratë tona;
e dhe këngët e vallet
na të shesin si të tyret.

Η πτώση του Μωριά

Μας κλέβουν τη γη,
μεσίτες κι
εισπράκτορες· και τις
γυναίκες, τραγούδια,
και τους χορούς
πλασάρουν σαν δικά
τους.

* * *

Morea has Fallen

They're stealing our
land, brokers and
secret agents; and our
women, and even our
songs and dances they
sell to us as their own.

Der Fall Moreas

Man hat unser Land
gestohlen; und uns're
Frauen, uns're Lieder
und Tänze verkaufen
sie uns als wären sie
Ihre.

* * *

Morée est tombée

Ils volèrent nos terre,
les courtiers et les
agents ; et nos femmes
aussi, et même nos
chants et danses ils
nous vendent comme
les leurs.

XC.

Il Buffo

— *Capitain Rosaroma*

Νιεριτ' ετσίν σι γκιέλα,
νιατρετε ρρινε σι παγόνι.
Τσα λλαφαζάν σι πούλα,
νιατρετε κεντοϊνε σι μπιμπίλ.
Ντίσα γιανε σόρρα
δε σσκάμπα γιαν' τε νιατρε. –
Ουδετάρετε με πάτατ' ουδετόινε
δε με λεϊλέκετε νομάδετ'·
Με τε τρίματ' φλουτουρόινε σι σσκκιπόνια
δε με τε παφούκκιτ σι πελλούμπατ.
Σα περ μούα καμ με μιρε φλουτουρίμιν
           ι χέσστουρ' ε μπούφιτ.

* * *

Disa ecin si gjela,
të tjerët rrinë si pallua.

Disa njerëz ulërijnë si
pula, të tjerët këndojnë si
bilbil.

Disa janë sorra dhe të
tjerë nga shkaba. –

Udhëtaret udhëtojnë me
patat, nomadët me
lejlekët;

më trimat fluturojnë si
shqiponja, dhe më të
dobëtit si pëllumbat.

Sa për mua, unë preferoj
fluturimin i heshtur e
bufit.

Κάποιοι περπατούν σαν
κοκόρια, άλλοι παρελαύνουν
σαν παγώνια.
Μερικοί τσιρίζουν σαν
πουλερικά, κι άλλοι
τραγουδούν σαν τ' αηδόνια.
Μερικοί είναι κοράκια κι
άλλοι γύπες. —
Οι τυχοδιώκτες ταξιδεύουν με
τις χήνες κι οι νομάδες με
τους πελαργούς· οι πιο
γενναίοι πετούν σαν αετοί κι
οι πιο αδύναμοι σαν τα
περιστέρια.
Όσο για μένα, προτιμώ το
σιωπηλό πέταγμα της
κουκουβάγιας.

* * *

Some walk like roosters,
others strut like peacocks.
Some squawk like hens,
others sing like nightingales.
Some are crows, while others
like vultures. —
Adventurers travel with geese
and nomads with storks; the
bravest fly like eagles and the
weakest like pigeons.
As for me, I prefer the silent
flight of the owl.

Manche gehen wie die Hähne,
andere stolzieren wie die
Pfauen.
Manche kreischen wie die
Hühner, andere singen wie
die Nachtigall.
Einige sind Krähen und
andere sind Geier. —
Abenteurer reisen mit den
Gänsen, Nomaden mit den
Störchen; die Mutigsten
fliegen wie die Adler und die
Schwächsten wie die Tauben.
Ich aber persönlich bevorzuge
den lautlosen Flug der Eule.

* * *

Les uns marchent comme des
coqs, les autres se pavanent
comme des paons.
Certains piailles comme des
poules, d'autres chantent
comme un rossignol.
Certains sont des corbeaux et
d'autres des vautour. —
Les aventurier voyagent avec
les oies les nomades avec les
cigognes ; les plus valeureux
volent comme des aigles et les
plus faibles comme des
pigeons.
Quant à moi, je préfère le vol
silencieux de la chouette.

XCI.

Νεντε Μότρατ

Ω Μούζα, ζέμ'ρα

σα με πρισς τε καλεζόνν,

σε βέντι γιούαϊ

ι ντούχουρ' για πουσστούαρ

γκα νιε τσουρμ' ε κούρβαβε !

***

Nëntë motrat

O Muza, zemra

sa më thyhet të dëshmoj

se vendi juaj

i duhur është pushtuar

nga një tufë kurvash!

Εννέα αδελφές

Ω Μούσες, πόσο
μου ραγίζει την καρδιά
να βλέπω να σας
κλέβουνε τη θέση σας
ένα τσούρμο εταίρες!

* * *

Nine Sisters

O Muses, it breaks
my heart to have to
witness how your
rightful place is
usurped by no more
than a bunch of whores
and perverts!

Neun Schwester

O Musen, wie mir das
Herz bricht,
anzusehen, wie euer
Platz von nichts mehr
als lauter Huren
lautlos usurpiert wird!

* * *

Les neuf sœurs

Ô Muses! Cela me brise
le cœur d'être témoin
de la façon, dont votre
place est usurpée par
un tas de faux pédés.

XCII.
Θεωρία ε χόρδεβε

Νιε ρεμπέτ λούαν
κιθάρε με νιε χορδε
τ' βετεμ νε ντίελλ.

* * *

Teoria e fijeve

Një endacak luan
kitarë me një akord
të vetëm në diell.

Θεωρία χορδών

Άστεγος παίζει

μονόχορδη κιθάρα

μες στον καύσονα.

* * *

String Theory

A beggar's playing

a single-stringed guitar

baking in the sun.

Stringtheorie

Ein Penner spielt

einsaitige Gitarre

im Prall der Sonne.

* * *

La théorie des cordes

Un mendiant joue
d'une guitare à une
seule corde brûler au
soleil.

XCIII.

Καλ' Δούρατε

Σι θόνε εγκλέζ'τε:
« πο ρούα γκα δούρατα
τσσε σιέλλιν γκρεκ'τε ; »

Α βετσς σε μπανν μεντ γκαμπίμ
εδέ για περμπυσετε ;

* * *

Kalë dhuratë

Si thonë anglezët:
"po kujdes nga dhurata
që sjellin grekët?"

Përveç se mbaj mend gabim
edhe është përmbysët?

Δώρο άτι

Πώς λεν' οι Εγγλέζοι:
«πρόσεχε τα δώρα που
φέρουν Έλληνες;»

Λάθος το θυμάμαι εγώ,
      κι ήτανε ανάποδα;

* * *

Gift Horse

How'd the saying go?
"Beware of gifts
bearing Greeks," or
something like that?

Maybe I've
misremembered, —
it's the other way
around?

* * *

Geschenkter Gaul

Wie hieß das
Sprichwort? „Hüte dich
vor Geschenke, die
Griechen bringen."

Oder ist es andersum?
Hab' ich mich falsch
erinnert?

* * *

Cheval cadeau

Que dissent les Anglais
? « Méfiez-vous des
cadeaux qui apportent
des Grecs, » ou quelque
chose comme ça ?

Peut-être que je me
suis trompé, — et c'est
plutôt l'inverse ?

XCIV.
Έχιδνα

Σι Ηρακλί ι βογκελ

δε ψε γιαμ τούκε μπύτουρ’

λλοï-λλοï γκιαρπερίσς,

πο ντε ζεμερίμιν τιμ

με σσπεσς ου μπύτεμ βέτε.

* * *

Ekidna

Si Herkuli i vogël,

dhe pse jam duke mbytur

lloj-lloj gjarpërinjsh,

po në zemërimin tim

më shpesh unë mbytem vetë.

Ἔχιδνα

Σαν μπέμπη-Ηρακλής,
λογής λογής τα φίδια
νιώθω ότι πνίγω,
παρόλα αυτά με πνίγει
κι εμένα η οργή μου.

* * *

Echidna

Even though I've
choked a bunch of
snakes, like baby
Hercules would have,
sometimes it feels like
my own anger's
suffocating me.

Echidna

Obwohl ich, wie der
kleine Herkules,
Schlangen würge aller
Art, am häufigsten
ersticke ich an meiner
eig'nen Wut.

.

* * *

Échidna

Comme bébé Hercule,
même si je sens que
j'étouffe toute sorte de
serpents, je suffoque le
plus souvent de ma
colère moi-même.

XCV.

HS–228　「笠着て草鞋」：
Καπελ᾽ εδε σανδάλετ᾽

年暮れぬ笠着て草鞋はきながら
松尾芭蕉（Ｍａｔｓｕｏ　Ｂａｓｈô）

Καλόν εδέ νιε βιτ·

καπέλεν δε σανδάλετ

ακόμα γκα ψαθ'.

* * *

Kalon edhe një vit;

kapelen dhe sandalet

ende prej kashte.

Άλλη μια χρονιά·

καπέλο και σανδάλια

ψάθινα ακόμα.

* * *

One more year has
passed and both my
hat and sandals are
still made of straw.

Noch ein Jahr vorbei
mein Hut und Sandalen
sind noch immer von
Stroh.

* * *

Une année de plus :
mon chapeau et mes
sandales sont toujours
en paille.

XCVI.

Σστεπι ζογγ'σς

Ζογγ' με θανε

τούτι τσσε ντούχετ' τε ντι

πα περντόρουρ' φιαλε·

ντούχετ' τε κίσσιτ κκεν' ατιέ :

ισς νιε κουβέντ' ε γκιαλλε.

***

Shtëpi zogjsh

Zogj më thanë

gjithçka që duhet të di

pa përdorur fjalë;

duhet të kishit qenë atje:

ishte një bisedë e gjallë.

Σπιτάκι πουλιών

Μου 'παν τα πουλιά
ό,τι πρέπει να ξέρω.
Δεν είπαν λέξη·
έπρεπε να 'σουν εκεί:
ζωηρή συζήτηση!

* * *

Birdhouse

The birds once told me
everything I need to
know without using
words; you should
have been there: it was
a lively conversation.

Vogelhaus

Vögel haben mir alles,
was ich wissen muss,
ohne Wort' erzählt; du
hättest dabei sein
sollen: solch ein
lebhaftes Gespräch.

* * *

Le nichoir

Les oiseaux m'ont dit
tout ce que je dois de
savoir sans dire aucun
mot ; tu aurais dû être
là : une conversation
animée.

XCVII.

G o l d d i g g e r
(Π ρ ε κ ι α ε Μί δ α ς)

Νιε μασαζζατόρε ε μιρε

ισστε σιτσ᾽ αργγεντάρι,

κου σα δε τε ρρεμογιε

νουκ᾽ ντο τ᾽ι μπαρόγιε άρι.

* * *

P r e k j a   e   M i d a s

Një masazhatore e mirë

është siç argjendari

që sado të gërmojë

nuk do t'i mungojë ari.

Ἄγγιγμα
τ ο υ Μ ί δ α

Μια καλή μασέρ είναι
σαν χρυσοχόος που
όσο και να σκάψει ο
χρυσός δεν της
τελειώνει.

* * *

M i d a s
T o u c h

A good masseuse is
like a gold digger, who,
no matter how she digs
will never run out of
gold.

M i d a s —
B e r ü h r u n g

Eine gute Masseurin ist
wie eine Goldgräberin,
der es, egal wie sehr
sie gräbt, nie an Gold
mangeln wird.

* * *

L a   t o u c h e
M i d a s

Une bonne masseuse
est comme une
chercheuse d'or, qui,
peu importe comment
elle creuse ne sera
jamais à court d'or.

XCVIII.

Λίδα γορδιάνε

Πο τε μος ίσσα Αλεξάνδρι,

ντο τε ντόγια τ' ίσσα Διογιένι.

Πο σίκουρ τ' ίσσα Διογένι,

νεκε ντο τε ντόγια τ' ίσσα Αλεξάνδρι.

* * *

Lidha gordiane

Po të mos isha Aleksandri,

Do të doja të isha Diogjeni.

Por sikur të isha Diogjeni,

Nuk do të doja të isha Aleksandri.

Gordischer Knoten

Γόρδιος δεσμός

Wär' ich nicht
Alexander, so würde
ich Diogenes sein
wollen.

Αν δεν ήμουν
Αλέξανδρος, θα 'θελα
να 'μαι Διογένης.

Wäre ich aber
Diogenes, wollt' ich am
liebsten kein
Alexander sein.

Αλλά αν ήμουν
Διογένης δεν θα 'θελα
να 'μαι Αλέξανδρος.

* * *

* * *

Gordian Knot

Nœud Gordien

Si je n'étais pas
Alexandre je voudrais
être Diogène.

If I were not Alexander
I'd want to be
Diogenes.

Mais si j'étais Diogène
je ne voudrais pas être
Alexandre.

But if I were Diogenes I
wouldn't want to be
Alexander.

XCIX.

Ζόρμπα σσκατερρούεσι
(Zorba The Destroyer)

Καμ ούρι περ τυ:

χενγκρα τε τερε μποτ᾽νε

δε νουκ᾽ τε τσόβα.

***

Zorba shkaterruësi

Kam uri per ty:

hëngra të tërë botën

dhe nuk të gjeta.

Πεινάω για σένα:

έφαγα όλο τον κόσμο

και δεν σε βρήκα.

Ich hungere nach dir:
die Welt verschlungen,
und dich noch nicht
gefunden.

* * *

* * *

I hunger for you:

I ate the entire world,

and couldn't find you.

J'ai faim de toi :
j'ai mangé le monde
entier, et je ne t'ai pas
trouvé.

C.

Τε νγκρενεσιτ τε λώτουσιτ
(μιαλτε γκιάκου)

Ι κέμι τούτι:

φικ, πορτοκάλ' ε ντάρδα,

ντίελλι δε μπρέγκουτ·

πο λε τε μος πρέσιμ σσουμ'

γκα γκιαλλερία τονε.

* * *

Ngrënësit e lotusit (mjaltë gjaku)

I kemi të gjithë:

fik, portokall e dardha,

dielli dhe plazhet;

por mos i ngrini shpresat

për gjallërinë tonë.

Λωτοφάγοι (μέλι με αίμα)

Τα 'χουμε όλα: σύκα,
αχλάδια, πορτοκάλια
ήλιο και μπάνια· αλλά
μην περιμένουμε και
πολύ ζωηράδα.

* * *

Lotus Eaters (Blood Honey)

We have everything:
figs and oranges and
pears, sun and clear
beaches; but let's not
get our hopes up about
our vitality.

Lotusesser (Bluthonig)

Wir haben alles:
Feigen, Orangen,
Birnen, Sonne und
Strände; aber von
Vitalität scheint doch
etwas zu fehlen.

* * *

Mangeurs de lotus (miel de sang)

Nous avons tout : des
figues, des oranges et
des poires, du soleil,
des plages ; mais de
nos vitalité on dirait
qu'il manque quelque
chose.

CI.
Ζουλφικάρ

Πο πένα για σσουμ'
ε με φορτε σε σσπάτα,
τσσε φορτ' ζοτερόν
μπεϊτάρι-λουφτετάρ με
ζοτερίμ μπι τε ντούα ;

* * *

Zulfikar

Nëse pena është
shumë më e fortë se shpata,
çfarë fortë zotëron
poeti-luftëtar me
zotërim mbi të dyja.

Ζουλφικάρ

Αν είναι η πένα πιο
δυνατή απ' το σπαθί,
φανταστείτε τι δύναμη
θα έχει ο ποιητής-
ξιφομάχος.

* * *

Zulfiqar

If the pen truly is
mightier than the
sword, then what
power must the
warrior-poet possess
with mastery over
both?

Zulfikar

Wenn der Stift wirklich
mächtiger ist als das
Schwert, Welche Macht
muss der
Kriegerdichter dann
besitzen mit der
Beherrschung beider?

* * *

Zulfiqar

Si la plume est plus
puissante que l'épée,
alors quel pouvoir
vraiment doit posséder
le poète-guerrier qui
maîtrise les deux ?

CII.

Λούλε ε τε κέκκτε

Ντονιεχέρ' μεντόνν
τσσε ντο τε τε θόσσα πο
ντο τ' γιεσ' ι ντέιτουρ,
δε πύενν βέτεν γκαψέ
γιαμ ι εσελτ' ακόμα.

* * *

Lule e së keqes

Ndonjëherë mendoj
çfarë do të të thosha
nëse do të isha i dehur
dhe pastaj pyes veten
pse jam esëll akoma.

Άνθη του κακού

Όταν σκέφτομαι
τι θα σου έλεγα αν
ήμουν πιωμένος,
αναρωτιέμαι γιατί
ειμ' ακόμα νηφάλιος.

* * *

Flowers of Evil

Sometimes I wonder
what sorts of things I'd
tell you, were I drunk
enough, but then again,
I wonder why the hell
I'm still sober.

Blumen des Bösen

Manchmal frag' ich
mich, was ich dir sagen
würde, wenn ich
trunken wär', und
dann frag' ich mich
warum ich noch immer
nüchtern bin.

* * *

Les fleurs du mal

Parfois je me dis tout
ce que je te dirais, si
j'étais ivre, et puis je
me demande pourquoi
je suis sobre encore.

CIII.
Τοκ' ε ντιέγκουρε (λίρι όσε βντέκιε)

Κουσς ε μπαραζόν

τε λεφτούαρ' με λιρίνε

ισστ' ι λουφτεσε.

* * *

Tokë e djegur (liri ose vdekje)

Kush e barazon,

luftimin me lirinë

është luftënxitës.

Καμμένη γη

Όποιος εξισώνει

λεφτεριά με πόλεμο

είναι πολεμοκάπηλος.

* * *

Scorched Earth

Whoever equates
freedom with war, is
no more than a
warmonger.

Verbrannte Erde

Unglaublich, aber wer
Freiheit mit Krieg
gleichsetzt, ist ein
Kriegstreiber

* * *

Terre brûlée

Quiconque associe

la liberté à la guerre

est un belliciste.

CIV.

Νυμφ' ε μετρόσε

Νιε βάιζ' ε μπούκουρ'
ντέννι περπάρα μούα
ντε μετρό, τούκε
βεν' περπάρα κεμπεζετ
τε τόνατ' βαϊζετόρε.

* * *

Nymfë e metrosë

Një vajze e bukur
u ul përpara meje
në metro, duke
lëvduar këmbët e saj
më të papërlyera.

Νύμφη του μετρό

Μια ομορφούλα
μπροστά μου
καθισμένη επεδείκνυε
στο μετρό τα άσπηλα,
παρθενικά της πόδια.

* * *

Nymph on the Metro

A beautiful girl got on
the metro and sat
down in front of me,
flaunting immaculate
feet wrapped in
gossamer sandals.

Nymphe der Metro

Ein hübsches Mädchen
setzte sich in der U-
Bahn vor mich hin,
während sie ihre
makellosen Füßchen
mir zur Schau stellte.

* * *

Nymfe du métro

Une jolie fille
s'est assise devant moi
dans le metro, tout
en m'affichant ses jolis
petits pieds
impeccables.

CV.

Λούλε ε μάνεσε

Ου χαπ'νε ρρουγκετ'

σι λουλεκούκκετ' εδέ

ζέμρα τίμε μπασσκ',

πο ου βετεμ λαχταρίς

ε γιότια περ τε χάπετ.

* * *

Lulëzim i vonë

U hapën rrugët

si lulekuqet e dhe

zemra ime bashkë,

por unë vetëm deshiroj

e jotja për të hapet.

Spätzünder

Die Wege öffnen
sich vor mir wie
Mohnblumen, und
dabei mein Herz, doch
sehn' ich mich nur
danach, daß sich auch
deine öffnet.

Ἀργανθος

Ανοίγουν οι δρόμοι
σαν παπαρούνες, μαζί
και η καρδιά μου, μα
'γω μονάχα λαχταρώ ν'
ανοίξει κι η δικιά σου.

* * *

* * *

Late Bloomer

The roads have opened
before my eyes like
poppies, and so has my
heart, but all I truly
yearn for is for yours
to open, too.

Tard dans la floraison

Les routes s'ouvrent
pour moi comme des
coquelicots, et mon
cœur aussi, mais tout
ce à quoi j'aspire, c'est
que le tienne s'ouvre
aussi.

CVI.

Μασκ' ε κρρούαρε

Κρρον νιε ρους,
ντο τε γκιεσς
νιε τατάρ·

κρρον νιε γκρεκ,
ντο τε γκιεσς
νι' αρμπερόρ.

* * *

Maskë kruarje

Kruaj një rus,
do të gjesh
një tatar;

Kruaj një grek
do të gjesh
një arbëror.

Φαγούρα μασκέ

Ξύσε έναν Ρώσο
και θα βρεις Τατάρο·

ξύσε έναν Έλληνα
και θα βρεις Αρβανίτη.

* * *

Itchy Masks

Scratch a Russian
and you'll find
a Tatar;

scratch a Greek
and you'll find
an Arvanite.

Jückende Maske

Kratze einen Russen
und du wirst
einen Tataren finden;

kratze einen Griechen
und du wirst einen
Arvaniten finden.

* * *

Masque piquant

Grattez un Russe
et tu trouveras
un Tartare ;

gratter un grec
et tu trouveras
un Arvanite.

CVII.
Φιάλορ ι χαζάρεβετ

Ντίσα βερτέτα

μουντ τε ζμπουλόχεν βετεμ

τούκε ου γκενιερ'.

* * *

Fjalor i hazarëve

Disa vërteta

mund të zbulohen vetëm

duke u gënjyer.

Λεξικό των Χαζάρων

Κάποιες αλήθειες

θ' αποκαλυφθούν μόνο

μέσω του ψεύδους.

***

*Dictionary of the
Khazars*

Certain hidden truths
may only be revealed,
when we're being
misled.

*Wörterbuch der
Chasaren*

Manch eine Wahrheit
darf nur enthüllt
werden, wenn
wir uns verirren.

***

*Dictionnaire des
khazars*

Certains vérités
ne peuvent être
révélées que par les
mensonges.

CVIII.

Alba

Ε φτόχ'τε σι φλετετ' τε βέρδα τε λάγκουρα
ε κρινεσε τε άριτ
αγιό ου σστρι πρανε μούα ντε αγκίμ.

* * *

Të ftohtë si gjethet e zbehta të lagura
e zambakut të luginës
ajo u shtri pranë meje në agim.

Δροσερή όσο και τα
χλωρά, βρεγμένα φύλλα

του κρίνου της
κοιλάδας

Πλαγιασμένη πλαϊ μου
στην αυγή.

* * *

As cool as the pale wet
leaves

of lily-of-the-valley

She lay beside me in the
dawn.

So kühl wie die blassen,
nassen Blätter

des Maiglöckchens

Lag sie im
Morgengrauen neben
mir.

* * *

Aussi fraîche que les
feuilles pâles et humides

du muguet

Elle était allongée à côté
de moi à l'aube.

CIX.

Coda

Ω κενγκετε τίμετ',

Ψε σσικόνι με κακκ παντουρίμ
εδέ κακκ σσουσσούρε
ντε φάκκατ ε νιέρεζβε,

Α ντο τα γκιεσς
τε βντέκουριτ τεντ
τε μπάρτουριτ νε μες τε τύρεβετ ;

***

O këngët e mia,
Pse shikoni me kaq padurim
dhe kaq kureshtar
në fytyrat e njerëzve,

A do ta gjesh
të vdekurit tënd
të humbur mes tyre?

Ω τραγούδια μου,

Γιατί κοιτάτε με τόσο
πείσμα και τόση
περιέργεια τα
πρόσωπα των
ανθρώπων;

Σάμπως θα βρείτε εκεί
τους χαμένους νεκρούς
σας;

* * *

O my songs,

Why do you look so
eagerly and so
curiously into people's
faces,

Will you find your lost
dead among them?

O meine Lieder,

Weshalb schaut ihr
den Menschen so
begierig und so
neugierig ins Gesicht,

Wird ihr eure
verlorenen Toten
unter ihnen finden?

* * *

Ô mes chansons,

Pourquoi regardez-
vous les gens avec tant
d'empressement et de
curiosité,

Trouverez-vous vos
morts perdus parmi
eux ?

CIX.

Το Καλόν

Εδέ ν' εντ'ρρατ τίμε με κ' αρνίσετ βέτεν.

Τι με κε ντεργκούαρ βετεμ περετρίσετ' άτια.

* * *

Dhe në ëndrrat e mia më ke mohuar veten.

Ti më ke dërguar vetëm shërbëtoret e tua.

Ακόμα και στα όνειρά
μου, μου έχεις αρνηθεί.

Και μου 'χεις στείλει
μόνο τις υπηρέτριές
σου.

Sogar in meinen
Träumen hast du dich
mir verleugnet.

Du hattest mir nur
deine Mägde geschickt.

* * *

* * *

Even in my dreams you
have denied yourself to
me.

You have sent me only
your handmaids.

Même dans mes rêves,
tu t'es refusé à moi.

Tu ne m'as envoyé que
tes servantes.

CXI.

Μάλλι

Κοχετε γιανε τε ζέζα.
Νέβε κέμι λίντουρ σσέκουλ εδέ σσέκουλ σσουμε βορε.
ι μπελέδουρ' με νιε γούνε, γκα νι'
έγγιελλι ι μπάρτουρ' νε καλίμιν ε βετετίμεσ'
εδέ ι πλοτ με μάλλιν με ρρενιε τε θελε
περ τε παρε Μπρέτιν περ τε Τσίλιν ντο τε κίσσα λεφτούαρ
Ου γιαμ ντούκε ετσούρε ντρέιτε βντέκιες
δε τσσε ντόντε τε γιέτε λουφτετάρ
ντε με τε περζέμ'ριτ' ε τε γκίθα κοχεράβε
νάνι ντούχετε τε φλάσε ντε φιαλε τε βόρα τ' έγκρα
τε σσεκούλβε τσσ' ερρεζόχεν ντ' ιστορί
– ε ερρετ εδέ ε ζιαρρτε – τε Σταυροφορίαβε
δε τε Καθεδρίκεβετ.

* * *

Kohët janë të zeza.
Ne kemi lindur shekuj e shekuj shumë vonë.
i mbështjellë me një mantel, nga një
engjëlli i humbur në kalimin e vetëtimës
dhe i mbushur me mallin me rrënjë të thella
për të parë Mbretin për të cilin do të kisha luftuar
Unë jam duke ecur drejt vdekjes
dhe që donte të ishte luftëtar
në më të përzemërt e të gjitha kohërave
tani duhet të guxojë në fjalë të vona, të egra
shekujsh, që errëzohen në histori
– E errët dhe e zjarrtë – e kryqëzatave
dhe e Katedraleve.

Είναι μαύροι οι καιροί. έχουμε γεννηθεί με καθυστέρηση πάμπολλων αιώνων. τυλιγμένος σ' έναν μανδύα, από άγγελο χαμμένος στο πέρασμά του κεραυνού κι από μια ανεκρίζωτη νοσταλγία γεμάτος τον Βασιλιά να ιδώ, για τον οποίο ήθελα να πολεμήσω πηγαίνω στο Χαμό και που ήθελε να είναι μαχητής στην πιο παθιασμένη όλων των εποχών, πρέπει τώρα με λόγια ωχρά κι αργόσχολα να μιλά για αιώνες, που καταντήσανε ιστορίες – σκοτεινές και φλογερές – των Σταυροφοριών και των Καθεδρικών Ναών.

✳ ✳ ✳

The times are dark. we were born countless centuries too late. wrapped in a cloak, lost by an angel on a lightning passage and filled with an ineradicable longing to see the King for Whom I would have fought, I stride towards Death and who would have been a warrior in the most passionate of all ages, must now in late and haggard words speak of centuries, which darkened into stories – dark and fiery – of Crusades and Cathedrals.

✳ ✳ ✳

Die Zeiten sind schwarz. Wir wurden Jahrhunderte zu spät geboren. Allein, in einen Umhang gehüllt, von einem Engel im Blitzdurchgang verloren und erfüllt von einem unauslöschlichen Heimweh, den König zu sehen, für Den ich kämpfen wollte, geh' ich dem Tode entgegen und der ein Krieger sein wollte in der leidenschaftlichsten aller Zeiten, muss sich jetzt an späte wilde Worte wagen von Jahrhunderten, die zu Geschichten wurden – dunkel und feurig – von Kreuzzügen und Kathedralen.

✳ ✳ ✳

Les temps sont sombres. nous sommes nés des siècles et des siècles trop tard. enveloppé dans un manteau, par un ange perdu dans un transit éclair et rempli d'un mal du pays ineffaçable pour voir le Roi pour lequel j'aurais combattu, Je marche vers la mort et qui voulait être un guerrier dans le plus passionné de tous les temps, Je dois maintenant m'aventurer dans des mots sauvages et tardifs des siècles, qui se sont transformés en histoires– sombre et fougueux – des Croisades et des cathédrales.

259